名师名校名校长

凝聚名师共识
回应名师关怀
打造名师品牌
培育名师群体

　　　　程明德题

多技术融合环境下

小学英语

教学策略的实践研究

麦少维 / 著

西安出版社

图书在版编目（CIP）数据

多技术融合环境下小学英语教学策略的实践研究 /
麦少维著. — 西安：西安出版社，2024.7. — ISBN
978-7-5541-7588-0

Ⅰ. G623.312
中国国家版本馆CIP数据核字第2024H8W266号

多技术融合环境下小学英语教学策略的实践研究
DUO JISHU RONGHE HUANJING XIA XIAOXUE YINGYU JIAOXUE CELÜE DE SHIJIAN YANJIU

出版发行：西安出版社
社　　址：西安市曲江新区雁南五路 1868 号影视演艺大厦 11 层
电　　话：（029）85264440
邮政编码：710061
印　　刷：北京政采印刷服务有限公司
开　　本：787mm×1092mm　1 / 16
印　　张：10
字　　数：134千字
版　　次：2025 年 3 月第 1 版
印　　次：2025 年 3 月第 1 次印刷
书　　号：ISBN 978-7-5541-7588-0
定　　价：58.00 元

序 言

PREFACE

在信息技术迅猛发展与教育改革不断深化的今天，我深感探索多技术融合环境下小学英语教学策略的重要性与迫切性。作为一名多年从事小学英语教学的教师，我有幸在这片热土上耕耘，见证了教育的变革与成长，也亲身体验了信息技术给教育带来的无限可能。

在本书中，我尝试从多个维度去探索和研究多技术融合环境下小学英语教学的策略与实践。本书先回顾了研究的背景、意义、现状与内容，让我们更清晰地认识到这个领域的挑战与机遇。然后，聚焦于多技术融合环境下小学英语教学的策略，深入探讨了教学、课堂评价、学生学习等策略，旨在提供一些有益的启示和实践经验。

同时，我也关注到了作业、单词语音和音标教学等关键环节在多技术融合环境下的变革。如何让英语作业变得更有趣、单词语音教学变得更生动、音标教学变得更有生命力，是我一直在思考和尝试解决的问题。我深信，通过巧用信息技术，我们可以为学生创造一个更加生动、有趣的学习环境，激发他们的学习兴趣和动力。

此外，我还从教师的角度出发，探讨了多技术融合环境下教师教研的变革。我坚信，教师的成长与发展是教育改革的关键。因此，我分享了自己在信息技术与教育教学相融合方面的实践与思考，希望能为小学英语教师提供一些有益的参考和启示。

最后，我想强调的是，信息技术与教育的融合是一个长期的过程，需要我们不断探索和实践。我期望通过本书的分享，激发更多的教育工作者共同关注和参与这个领域的研究与实践，共同推动小学英语教学的创新与发展。

作为一名教师，我深知教育的责任与使命。我希望通过自己的努力和分享，为学生们创造一个更加美好的学习环境，让他们在多技术融合的环境下快乐地学习、成长。我也期望自己的经验与思考能对广大小学英语教师有所启发和帮助，共同为小学英语教育事业的发展贡献力量。

在未来的日子里，我将继续致力于教育的探索与实践，不断追求教学的精准与卓越。我相信，在教师、学生和学校的共同努力下，我们一定能够开创小学英语教学的新篇章。

麦少维

2024年1月22日

目　录
CONTENTS

第五章　多技术融合环境下小学英语教学应用案例

第 一 章

多技术融合环境下小学英语
教学策略的实践研究简介

第一节　多技术融合环境下小学英语教学策略的实践研究背景

一、信息技术环境下，小学英语教学面临的变革

在信息技术的环境下，小学英语教学正经历着前所未有的变革。海量的课程内容、强大数据监测及科学评价反馈等，增加了课堂教学的实时性和体验感，提升了教学质量。同时，信息技术也丰富了教学手段，使得小学英语教学的形式更加多样化和生动化。

教学方式多样化：信息技术为小学英语教学提供了多种教学方式，如多媒体教学、在线教学、互动式教学等。这些教学方式可以更好地激发学生的学习兴趣，提高他们的学习效果。信息技术的发展确实为小学英语教学带来了巨大的变革，使得教学方式更加多样化，更符合学生的学习需求和兴趣。

教学内容丰富化：信息技术为小学英语教学注入了丰富的元素。它不仅提供了传统的文本内容，还通过图片、音频、视频和动画等多种形式，使教学内容更加生动和形象。这样的教学方式更能激发学生的学习兴趣，提高他们的学习效果。例如，在词汇教学中，教师可以利用图片和声音来展示单词的含义，帮助学生形成更直观的理解。动画视频也可

以用来呈现语法结构和句型，让学生在轻松的氛围中掌握语言规则。同时，信息技术也为教师提供了更多获取资源的途径。教师可以根据学生的实际情况和教学需求，筛选和整合各类资源，为学生打造更加丰富和个性化的学习体验。

教学互动性增强：信息技术对小学英语教学的互动性有显著增强作用。通过在线交流、即时通讯和网络论坛等工具，学生和教师可以进行实时交流和讨论，这不仅能提高学生的参与度，还能增强学习效果。网络平台还让教师得以实现远程教学，使学生无论在家还是其他地方都能学习英语。在线教学不仅提供了丰富的资源，其实时互动和反馈的特点也有助于学生更好地掌握知识。教师可以通过各种工具实现与学生之间的实时互动，进一步提高学生的参与度和学习兴趣。例如，利用智慧中小学App、互动式希沃白板等工具，教师可以组织在线讨论、小组合作等活动，使学习过程更加有趣且具有实效性。

学习个性化：信息技术为个性化学习提供了可能。通过分析学生的学习情况，教师可以为他们制订个性化的学习计划和资源，更好地发挥每个学生的潜力。通过信息技术，学生可以获得更符合自身需求的学习方案，解决学习中的难点和问题。

学习效果评估方式多样化：信息技术可以使小学英语学习的评估方式更加多样化，通过在线测试、学习日志等方式，教师可以更好地了解学生的学习情况和学习进展，从而更好地指导学生的学习。

综上所述，信息技术环境下的小学英语教学发生了许多变革，这些变革不仅可以提高教学质量和效果，还可以更好地满足学生的学习需求和发展需求。

二、基于课程标准，信息技术与英语教学的融合需要

《义务教育英语课程标准（2022年版）》中，信息技术与英语学科融合的研究背景主要体现在以下几个方面。

第一，课程改革的推动。随着新课程改革的不断深入，英语学科的教学内容和教学方式都在发生着变化。信息技术与英语学科的融合是新课程改革的一项重要任务，旨在推动英语教学现代化，提高教学质量和效果。

第二，信息技术的发展。随着信息技术的飞速发展，各种新的教学工具和教学方式不断涌现，为英语教学提供了更多的可能性。利用信息技术可以更好地激发学生的学习兴趣，提高他们的学习效果。

第三，学生全面发展的需要。新课程标准强调学生的全面发展，包括知识、技能和情感态度等方面。信息技术与英语学科的融合可以为学生提供更广阔的学习空间和更丰富的学习资源，促进学生的全面发展。

第四，英语教学转型的需要。传统的英语教学往往注重知识的传授，而忽视了学生的主体地位和实际应用能力的培养。信息技术与英语学科的融合可以推动英语教学从知识传授向能力培养的转型，更好地培养学生的英语应用能力和自主学习能力。

第五，社会信息化的趋势。社会信息化已经成了不可逆转的趋势，信息技术在各个领域的应用也越来越广泛。将信息技术与英语学科融合，可以更好地适应社会信息化的趋势，为学生的未来发展打下坚实的基础。

综上所述，《义务教育英语课程标准（2022年版）》中，信息技术与英语学科融合的研究背景主要在于课程改革的推动、信息技术的发

展、学生全面发展的需要、英语教学转型的需要和社会信息化的趋势等多个方面。

三、提升工程2.0项目，促信息技术与英语教学的融合

广东省中小学教师信息技术应用能力提升工程2.0项目是在2019年根据教育部《关于实施全国中小学教师信息技术应用能力提升工程2.0的意见》提出的，并在2020年实行了具体的实施方案。

在广东省中小学教师信息技术应用能力提升工程2.0项目中，促进信息技术与小学英语教学的融合是出于多方面的考虑。

首先，信息技术的运用可以极大地丰富小学英语教学内容，小学英语教学越来越注重学生的语言运用能力和交际能力的培养。将信息技术与小学英语教学融合，可以为学生提供更真实、更贴近实际的语言环境，帮助学生更好地掌握英语知识和技能。

其次，随着信息化教学改革的不断深入，传统的以教师为中心的教学方式已经不能满足现代教学的需求。通过信息技术与小学英语教学的融合，信息技术可以提供多元化的教学手段和方法，也可以探索新的教学方式和教学模式，推动小学英语教学的信息化改革。

再次，通过信息技术，可以实现小学英语教学个性化，满足不同学生的学习需求。信息技术与小学英语教学的融合，可以更好地培养学生的信息素养、创新能力和自主学习能力等核心素养，适应未来社会的发展需求。

最后，同样重要的是，提升教师信息技术应用能力。随着信息技术的快速发展，对中小学教师信息技术应用能力的要求也越来越高。提升工程2.0项目旨在提高中小学教师的信息技术应用能力，使其能够更好地将信息技术与学科教学融合，提高教学质量和效果。

四、 多技术融合背景下，信息技术与英语教学的融合

随着社会经济的发展和教育改革的深入，提高教育教学质量已成为中小学教育的核心目标。信息技术应用能力作为现代教师必备的素质，对于改进教学方式、提高教学效果、促进学生个性化发展等方面具有重要作用。因此，提升教师信息技术应用能力，是推动教育教学质量提升的关键。因此在2019年广东省根据教育部《关于实施全国中小学教师信息技术应用能力提升工程2.0的意见》提出了广东省中小学教师信息技术应用能力提升工程2.0项目，并根据地区的发展不平衡，提出了两种模式，分别是"智慧教育"和"多技术融合"。

"智慧教育"模式强调利用新一代信息技术，如人工智能、大数据、物联网等，以创新教学方式，提高教育教学质量。具体做法包括：利用大数据分析学生学习进度和需求，为教师提供精准的教学辅助；利用人工智能技术，为学生提供个性化的学习方案；利用物联网技术，实现设备的互联互通，提高教学效率。

"多技术融合"模式则强调多种技术的综合应用，以解决教育教学中的实际问题。具体做法包括：将传统教学与数字化教学相结合，实现优势互补；将信息技术与学科教学相融合，提高教学效果；将多种技术手段应用于教研、管理、培训等各个环节，提高工作效率。

在广东省，尤其是粤东西北欠发达地区，中小学教师信息技术应用能力提升工程2.0项目一般采取"多技术融合"模式。

首先，区域发展不平衡：由于地理、经济等多方面因素的影响，广东省内的教育资源分布并不均衡。一些发达地区如珠三角地区，拥有较为先进的教学设备和优秀的师资力量，而粤东西北等欠发达地区则相对滞后。

其次，技术应用水平不高：在粤东西北欠发达地区，由于资金、设备、师资等方面的限制，很多学校的信息技术应用水平相对较低。教师缺乏足够的技术支持和培训，导致他们在教学中难以有效应用信息技术手段，无法充分发挥现代科技在教育教学中的作用。

通过多技术融合模式的实施，可以弥补粤东西北欠发达地区在资金、设备、帅资等方面的不足，提高教师的信息技术应用能力，推动信息技术与教育教学的深度融合。同时，多技术融合模式还可以促进区域内教育资源的均衡配置，缩小城乡和区域之间的教育差距，推动广东省教育的整体发展。所以，多技术融合环境下的小学英语教学策略研究应运而生。

第二节　多技术融合环境下小学英语教学策略的实践研究意义

一、优化课堂教学质量

多技术融合模式能够丰富教学手段和方法，将信息技术与小学英语教学深度融合，从视、听、说等多方面刺激学生的感官，增强学生对英语知识的理解和记忆，提高学习效果。同时，这种模式还能活跃课堂气氛，激发学生学习英语的兴趣和积极性。多技术融合环境下优化小学英语课堂教学的研究意义主要体现在以下几个方面。

第一，提升学生学习英语的兴趣和积极性。通过使用不同的技术手段，如多媒体、网络、人工智能等，教师可以更好地呈现教学内容，使英语知识更加生动、形象、易于理解。这有助于激发学生的学习热情和兴趣，提高他们的学习效果。

第二，促进学生的自主学习和个性化学习。多技术融合环境下的英语教学，可以更好地满足学生的个性化需求。学生可以根据自己的学习进度和需求选择适合自己的学习资源和方法，从而更好地掌握英语知识。

第三，丰富教学内容和教学方法。多技术融合环境下的英语教学，可以借助各种技术手段，如视频、音频、动画等，将英语知识以更加生动、形象的方式呈现出来，从而帮助学生更好地理解和掌握。同时，教师也可以通过多种教学方法，如情景模拟、角色扮演、小组讨论等，引导学生积极参与课堂活动，提高他们的口语交际能力和合作学习能力。

第四，促进教育公平和教育质量提升。多技术融合环境下的英语教学，可以借助网络等平台，实现优质教育资源的共享，打破地域限制，让更多的学生享受到优质的教育资源。同时，通过技术手段的应用，教师可以更好地掌握学生的学习情况，及时调整教学策略，提高教学质量。

第五，培养学生的创新思维和实践能力。多技术融合环境下的英语教学，可以引导学生通过各种技术手段的应用，如制作英语视频、设计英语海报等，培养学生的创新思维和实践能力，促进他们的全面发展。

总之，多技术融合环境下优化小学英语课堂教学的研究意义不仅在于提高教学质量和效率，更在于促进学生的全面发展，培养他们的创新思维和实践能力，为未来的学习和工作打下坚实的基础。

二、促进城乡教育均衡发展

通过多技术融合模式的推广和应用，可以让粤东西北欠发达地区的师生同样享受到优质的教育资源，缩小城乡之间的教育差距。借助网络平台和信息技术，欠发达地区的教师可以与发达地区的名师进行交流学习，提高自身的教学水平，进一步推动教育的均衡发展。

缩小城乡教育差距：城乡之间的教育差距一直是教育公平问题的重点之一。通过信息技术与小学英语教学的融合，可以将优质的教育资源引入农村地区，使得农村学生也能够享受到与城市学生同等水平的教育资源，从而缩小城乡之间的教育差距。

提高农村地区英语教育质量：在农村地区，由于师资力量和教学条件的限制，英语教育质量往往不如城市。信息技术与小学英语教学的融合，可以借助网络平台等信息技术手段，将更多的英语学习资源引入农村地区，提高农村学生的英语学习效果，进而提高农村地区的英语教育质量。

培养农村学生的综合素质：通过信息技术与小学英语教学的融合，可以使农村学生在学习英语的同时，接触到更多的文化、科技等信息，拓展他们的视野，提高他们的综合素质。这有助于培养农村学生的创新思维和实践能力，为他们未来的发展打下坚实的基础。

推动农村教育的现代化进程：信息技术与小学英语教学的融合，可以推动农村教育的现代化进程。通过引入先进的信息技术手段，可以帮助农村学校实现教育信息化、现代化，提高农村教育的整体水平。

促进教育公平和社会公正：通过信息技术与小学英语教学的融合，可以使更多的农村学生享受到优质的教育资源，从而促进教育公平和社会公正。这对于建设和谐社会、实现可持续发展具有重要意义。

总之，信息技术与小学英语教学融合，促进城乡教育均衡发展的研究意义不仅在于提高农村地区的英语教育质量，更在于促进城乡之间的教育均衡发展，实现教育公平和社会公正。

三、提升教师的信息技术应用能力

多技术融合模式要求教师具备较高的信息技术应用能力。通过培训和实践，教师可以掌握更多的信息技术手段和教学方法，提高教学效果。多技术融合模式下提升教师信息技术应用能力的研究意义主要体现在以下几个方面。

第一，提升教师的教学能力和专业化水平。通过提高教师的信息技术应用能力，教师可以更好地利用各种技术手段优化课堂教学，提高教学效果和学生的学习效果。同时，这也能够帮助教师更好地掌握现代化的教学方法和手段，提高他们的专业素养和综合能力。

第二，促进教育信息化和现代化。教育信息化和现代化是当前教育发展的重要趋势，提高教师的信息技术应用能力是实现这一目标的重要途径之一。通过多技术融合模式下的实践研究，可以帮助教师更好地掌握各种信息技术手段，推动教育的信息化和现代化进程。

第三，推动城乡教育均衡发展。在多技术融合模式下，提高教师的信息技术应用能力可以促进城乡教育均衡发展。城乡之间的教育差距一直是教育公平问题的重点之一，而提高教师的信息技术应用能力可以帮助农村地区的教师更好地掌握现代化的教学方法和手段，提高农村地区的英语教学质量，进而促进城乡之间的教育均衡发展。

第四，丰富教师的教学经验和职业发展。通过多技术融合模式下的实践研究，教师可以不断探索新的教学方法和手段，不断更新自己的教学观念和思路，从而获得更多的教学经验和职业发展机会。

第五，培养学生的创新思维和实践能力。教师的信息技术应用能力提高后，可以更好地利用各种技术手段培养学生的创新思维和实践能力。例如，教师可以引导学生利用信息技术进行探究性学习、项目式学习等，帮助学生拓展思维、提高实践能力。

总之，多技术融合模式在粤东西北欠发达地区小学英语教学中的应用意义重大。通过实现小学英语教学的现代化、促进个性化教学、培养小学生的创新思维和实践能力、优化教学内容和模式、提高教师的专业素养和能力等方面的影响和作用，多技术融合模式的应用能够为小学英语教学的发展注入新的活力，推动课程改革的深入进行。

第三节　多技术融合环境下小学英语教学策略的实践研究现状

一、信息技术与小学英语学科融合的国内研究现状

2023年11月25日前对中国知网数据库的相关文献进行搜索共有18734篇的关于英语信息化教学的文章，可分为三个阶段。

第一阶段：2003年以前。计算机辅助外语教学阶段，这一阶段开始探索将计算机技术应用到外语教学上的方式，但仍以传统教学方式为主。

第二阶段：2004—2010年。信息技术与外语课程整合阶段。在这一阶段，教学实践策略的研究中心出现迁移，从"以教为主"转变为"以学为主"。

第三阶段：2011年至今。信息技术与外语学科性融合的阶段，探索"技术"与"课程"的融合。钟绍春等人研究认为有效开展信息化教学的策略是构建学生参与的过程，满足学生个性化差异的学习内容，建立学生合作交流的平台。

现今在信息技术与英语学科融合方面，国内研究现状主要体现在以下两个方面。

第一，信息技术与英语教学的整合。国内学者和教育工作者提出了多种教学策略和方法，将信息技术与英语教学进行整合。例如，通过多媒体技术呈现英语教学内容，利用网络资源拓展学生的英语阅读和听力训练，利用智能教学辅助系统进行个性化教学等。这些研究为信息技术与英语教学的整合提供了有益的实践经验和理论指导。

第二，信息技术支持下的英语自主学习。随着信息技术的不断发展，国内学者和教育工作者致力于研究信息技术支持下的英语自主学习方法。例如，通过在线课程、英语学习App等渠道进行自主学习，利用语音识别技术进行口语练习等。这些研究为提高学生的英语自主学习能力提供了有益的支持。

总的来说，国内在信息技术与英语学科融合方面的研究已经得到了广泛的关注和深入的发展，许多学者和教育工作者都在积极探索和实践，提出了多种有益的教学策略和方法，为提高英语教学的质量和效果做出了积极的贡献。

二、信息技术与小学英语学科融合的国外研究现状

在国外，信息技术与小学英语学科融合的策略研究已经得到了广泛的关注，已经取得了一些成果。随着知识经济和信息化时代的到来，教育信息化已成为21世纪世界各国新一轮教育改革的重要内容和指标。信息技术与小学英语教学的深度融合被视为一个重要的研究课题。

许多研究表明，利用信息技术工具可以帮助学生更好地理解语言知识，提高学习效率，并培养学生的信息技术能力。一些国外的研究表明，在英语口语课程中利用IT工具，学生的口语能力比没有使用IT系统的学生显著提高。还有研究显示，使用计算机辅助教学（CAT）系统等信息技术工具，可以有效提高学生的词汇量和阅读能力。

　　具体来说，在实践层面，教师们正通过将图像识别、语音识别、人机交互等技术引入英语课堂教学和评价，以促进学生的主动学习并提高教学效果。例如，美国的一所小学就积极尝试信息技术与小学英语教学的有效融合，探索出适应本校学生学情的小学英语课堂。

　　在理论研究方面，学者们对信息技术如何影响小学生的学习动机、学习策略以及学习成绩等方面进行了深入的研究。此外，也有研究关注到在信息技术融入小学英语教学过程中可能出现的问题，如学生过度依赖技术、忽视基础知识的学习等，并提出了相应的解决策略。

　　信息技术与小学英语学科的融合在国外已经得到了广泛的关注和研究，这些研究为我们的进一步研究提供了有价值的参考和启示。

第四节　多技术融合环境下小学英语教学策略的实践研究内容

一、多技术融合环境下小学英语教学策略的实践研究目标

在多技术融合环境下，信息技术与小学英语教学融合的策略研究的目标有以下几个方面。

第一，提高英语教学质量。在多技术融合环境下，充分发挥现代信息技术的优势，通过融合信息技术，利用各种工具和资源，为小学生提供更丰富、更真实的学习经验。将传统的以教师为中心的教学模式转变为以学生为中心的教学方式，激发学生的学习兴趣和主动性。实现现代信息技术与小学英语教学的深度融合，提升小学英语教学效果。

第二，提升学生学科的素养。通过信息技术的引导和帮助，培养小学生的创新思维和解决问题的能力，让他们在面对问题时能够独立思考、自主解决。通过将信息技术与英语教学相结合，为小学生提供更有趣、更生动的学习体验，从而激发他们的学习兴趣和动力。

第三，提高教师的信息技术应用能力。在融合信息技术的教学过程

中，教师需要掌握相关的信息技术工具和资源，能够灵活运用信息技术手段进行课堂教学和课外辅导，以满足学生的学习需求。通过信息技术与小学英语教学的融合，提高教师的专业素养和教学能力，使他们能够更好地适应教育改革和发展的需要。

总的来说，信息技术与小学英语教学融合的策略研究的目标是通过利用信息技术，提高小学英语教学的质量和小学生的综合素质，为他们的未来发展打下坚实的基础。

二、多技术融合环境下小学英语教学策略的实践研究内容

（一）多技术融合模式下小学英语教学策略的实践研究的内容

第一，提高英语教师的信息技术应用能力的水平。研究如何提高小学英语教师的信息技术应用能力，包括掌握常用的信息技术工具和资源、具备制作数字化教学资源的能力、能够灵活运用信息技术进行课堂教学等。

第二，多技术融合模式下的英语教学策略。研究多技术融合模式下的小学英语教学策略，包括如何利用信息技术手段激发学生的学习兴趣、如何利用数字化教学资源培养学生的语言能力、如何利用互动学习平台实现学生的自主学习等。

第三，信息技术与小学英语教学的融合效果评估。研究如何评估信息技术与小学英语教学的融合效果，包括学生的学习成绩、学习态度、语言能力等方面的变化，以及教师教学质量和自身专业素养的提升等。

第四，培养学生的英语学科素养。在多技术融合环境下，从学习兴趣、数字化学习资源的利用、自主学习和合作学习能力的培养、信息技

术素养的提升以及学习效果的评价和反馈等方面展开研究。

第五，信息技术与小学英语教学融合的案例研究。搜集和整理一些成功的案例，分析其成功的原因和不足之处，总结出一些具有推广价值的经验和教训，为其他学校和教师提供参考和借鉴。

（二）多技术融合模式下小学英语教学策略的实践研究的重难点

1. 重点内容

（1）信息技术与小学英语教学的深度融合：研究如何将信息技术与小学英语教学进行深度融合，包括利用信息技术优化课堂教学设计、开发英语数字化教学资源、构建英语互动学习平台等，以提高小学英语教学的质量和效率。

（2）小学英语教师信息技术应用能力的提升：研究如何提高小学英语教师的信息技术应用能力，包括掌握常用的信息技术工具和资源、具备制作数字化教学资源的能力、能够灵活运用信息技术进行课堂教学等，以适应教育改革和发展的需要。

（3）多技术融合模式下的英语教学策略：研究多技术融合模式下的小学英语教学策略，包括如何利用信息技术手段激发学生的学习兴趣、如何利用数字化教学资源培养学生的语言能力、如何利用互动学习平台实现学生的自主学习等，以满足学生的个性化学习需求。

2. 难点内容

（1）信息技术与小学英语教学的融合效果评估：研究如何评估信息技术与小学英语教学的融合效果，包括学生的学习成绩、学习态度、语言能力等方面的变化，以及教师教学质量和自身专业素养的提升等，为其他学校和教师提供参考和借鉴。

（2）信息技术与小学英语教学融合的案例研究：搜集和整理一些成功的案例，分析其成功的原因和不足之处，总结出一些具有推广价值的经验和教训，为其他学校和教师提供参考和借鉴。需要考虑到不同地区、不同经济条件、不同文化背景下的适用性问题。

（3）多技术融合模式下小学英语教学的实际应用：由于不同地区、不同经济条件、不同文化背景下的实际教学情况存在差异，因此需要根据当地实际情况，将多技术融合模式下的英语教学策略应用到实际教学中，并进行跟踪和评估，以确保其可行性和有效性。

总的来说，多技术融合模式下，小学英语教学的策略实践研究的重点是实现信息技术与小学英语教学的深度融合和提高教师的信息技术应用能力；其难点在于如何评估融合效果、如何进行案例研究和如何将融合策略应用到实际教学中。

三、多技术融合环境下小学英语教学策略的实践研究的创新点

多技术融合环境下小学英语教学的策略实践研究的创新点在于跨学科的融合创新、以学生为中心的教学设计、多元化的学习资源开发、教师专业发展的全面提升以及实践与理论相结合的研究方法等方面。

第一，以学生为中心的教学设计。在多技术融合模式下，小学英语教学策略实践研究强调以学生为中心进行教学设计。结合各种教学工具的特点和优势，如PPT、视频、音频等，进行有机整合，旨在丰富教学内容，提高教学效果。

第二，教师专业发展的全面提升。通过参与该项目，小学英语教师不仅提高了信息技术应用能力，还提升了专业素养和教学能力。这种全面提升有助于推动小学英语教育的改革和发展，提高教育质量。

第三，教学模式创新。项目鼓励教师运用新技术手段，如图像识别、语音识别、人机交互等，开展线上和线下的混合式教学，激发学生

的学习兴趣和主动性，促进学生的自主学习和个性化发展。

在多技术融合环境下进行学科教学的实践，为广东省清远市清城区创建全国信息化教育试点区的方案政策提供了些许参考，也为同类型达不到智慧教育条件的学校提供了信息化教育教学发展策略的一些参考。

第 二 章

多技术融合环境下小学英语
教学的策略

第一节　多技术融合环境下小学英语的教学策略

　　信息技术与学校的教育教学紧密结合，教育信息化相关公司提供各类在线教育资源、技术工具、平台、服务等，为未能达到"智慧教育"硬件条件的学校，提供了很多种信息化教育的途径，也为小学英语教学提供了多种信息化教学工具的选择。以上这些多种信息技术工具，下文称之为"多技术"。

　　2019年，广东省教育厅、广东省中小学教师信息技术应用能力提升工程办公室结合广东省省内珠三角地区和粤东西北地区教育发展不均衡的现状，提出"智慧教育"和"多技术融合"两种应用模式。其中"多技术融合"就是综合应用多种信息技术，贯穿教育教学的全过程，支持所有的环节信息化、智能化。以互联网+技术为核心，立足于用好现有的教育教学资源；充分利用移动设备及其应用App；有条件的学校可使用人工智能技术及其产品，增加教学智能化，提高教学效率。目前，清远市大多数的学校都是处于"多技术融合"的模式。如何将多技术与小学英语教学融合，更有效地提高小学英语教学质量，就是小学英语教学的当前面临的主要问题。

本部分将立足于凤翔小学和清远市清城区的实践经验，得出多技术融合环境下小学英语教学的五步法："前置学习—激趣导入—互动合作—巩固运用—查漏补缺"。这一高效多技术融合的小学英语教学策略，突出了学生的主体性和主动性，引导学生巧用信息技术手段，做好课前预习、课中吸收和课后拓展，进一步提升了学生的自主学习能力、合作能力和学科的素养。

一、引用信息技术，前置学习，培养自主学习能力

自2020年以来，国家与政府教育部门推出了众多免费教育平台，这些平台中汇聚了电子书籍、课程资源以及与教材相匹配的名师微课堂等内容。利用学科App，教师可以根据教学进度，搜索并发送微课资源给学生观看。在"智慧中小学"App中，教师能够找到相关教材版本，并推送北京名师的微课供学生预习。此外，教师还可以利用"粤教翔云"电脑端和App端，引导学生进行单词、句子和对话的预习及跟读练习。

在预习环节，教师可以通过"一起学"App设置生动有趣的预习任务和习题，帮助学生回顾旧知识、激发对新知识的探索欲望。同时，教师可以将一些容易掌握的知识点提前消化，以便在课堂上为难点知识和知识拓展留下更多时间。

数据分析在多技术融合环境下发挥着关键作用。在"一起学"App上，教师可以通过平台数据分析了解学生的预习情况，识别学生未掌握或掌握不佳的知识点，从而更有效地分析学生学情。基于学生的学情，教师可以调整教案，实现精准教学。

根据布鲁姆的学习能力金字塔理论，将记忆和理解放在家中预习环节，运用、分析、评价和创新则更多地体现在多技术融合环境下的课堂教学中。在这种模式（图2-1-1）下，学生在家中通过预习环节对知识

点进行记忆和理解，为课堂上的进一步学习打下基础。在课堂上，教师利用多技术融合环境，引导学生运用所学知识解决问题、分析案例、进行评价活动和创新思考。通过这样的教学方式，学生能够更好地掌握知识并发展高阶思维能力。与传统教学相比，多技术融合环境下的教学更具优势。在传统教学（图2-1-2）中，教师通常采用讲授式教学，学生被动接受知识。而在多技术融合环境下，学生成为学习的主体，他们可以利用各种平台和应用程序主动获取知识、与教师和同学互动。这种教学方式能够激发学生的学习兴趣，提高他们的学习效率和效果。

通过多技术融合环境下的教学与布鲁姆的学习能力金字塔理论的结合，教师可以更好地指导学生在家中预习并培养记忆和理解能力；在课堂上引导学生运用、分析、评价和创新，发展高阶思维能力。这样的教学方式有助于提高学生的学习效果和培养具有创新精神的学习者。

多技术融合环境下的教学

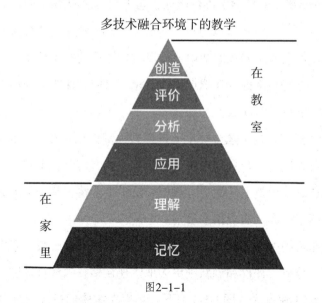

图2-1-1

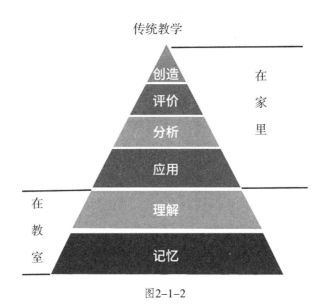

图2-1-2

　　如学习二年级上册人教版（一年级起点）英语Unit 2 Boys and girls
第一课时。我们首先预先通过"一起学"教师端App，布置预习任务单
和练习题，然后搜索"国家中小学智慧教育平台"课程教学栏目，找
到本节课的名师微课，在微信上推送链接给学生自主学习。学生就会
根据学习任务单和练习题有目的地自主学习，把boy、girl等简单的单
词先学会，剩下一些难读、难记单词和句子交际运用，留到课堂进行
难点突破和巩固拓展，充分发挥了课堂40分钟的效果。前置学习法，
不但让学生自主学习，而且也能让教师改进教学、让学生共享优质教
育资源。随着"双减"工作的深入实施，这种方法获得家长们的一致
好评。

二、巧用信息技术，激趣导入，激发学生学习兴趣

　　随着信息技术的发展以及多技术手段的普及，多种信息技术被广泛

运用到教学过程中，合理把信息技术与传统教学手段有机融合，会使我们的教学更形象、更直观，更有利于提高教学效果和促进学生学科素养的提高。导入在课堂教学中起着重要作用，教师不仅要调动学生的智力因素，还要调动学生的非智力因素，引导学生在浓厚的学习兴趣中用英语做事情，积极与同伴交流合作，最终提高英语学习能力。

（一）歌曲和故事视频导入，创设情境

在导入新课的环节，为了激发学生的兴趣并引起他们对课文内容的探究欲望，教师采用了多媒体视频技术。通过播放与课文主题相关的歌曲或短视频，教师成功地营造了一个生动有趣的情境，使学生能够快速融入课堂氛围。

在教授"At the zoo"这一课时，教师精心挑选了动画电影《疯狂动物城》的剪辑视频。这段视频中，小白兔、狐狸、大象、猴子等动物轮番登场，通过精心的剪辑和制作，使视频充满了动感和趣味性。这不仅成功吸引了学生的注意力，还使他们能够高度集中精力。

观看视频后，教师引导学生回顾之前学过的动物名称，并利用多媒体展示各种动物的图片和英文名称。这一环节旨在激发学生的知识储备，为接下来的新课学习做好铺垫。接下来，教师播放Let's chant的录音。"Look at the panda. It is fat. Look at the elephant. It is big..."这段录音中的歌词不仅与课文内容紧密相关，而且旋律朗朗上口，有助于学生在轻松愉快的氛围中学习重点句型。

通过这一系列有趣生动的多媒体输入，学生的探究欲望被完全激发出来。他们不仅对动物产生了浓厚的兴趣，还对课文中的重点句型产生了极大的好奇心。这为后续的教学活动打下了坚实的基础，使得整堂课充满了活力和趣味性。

（二）前测互动游戏导入，温故引新

在导入新课的环节，我们可以充分利用"希沃白板5"软件的功能，为学生创造一个既有趣又有互动性的学习环境。在课前，教师可以设置一些既有旧知识也有新知识的互动游戏练习，让学生先思考并尝试解决问题。

这些互动游戏可以帮助学生复习旧知识，同时也可以检测他们对新知识的理解程度和记忆程度。通过不同类型的互动游戏，如单词进房子游戏、句型配对游戏、Sharp eyes游戏和单词消消乐等，教师可以激发学生的学习热情，使他们积极参与其中。

在游戏过程中，学生可以分组进行互动PK，各组派代表上台在一体机上进行竞技。这种带有竞争性的游戏能够激发学生的好胜心，使他们更加专注于游戏，同时也能够提高他们的团队协作能力和竞争意识。台下的学生也会不自觉地提醒他们的代表，这种互动方式能够让学生更加投入其中，提高他们的课堂参与度。通过这些互动游戏，学生可以在轻松愉快的氛围中学习新知识，巩固旧知识，提高他们的学习效果。

"希沃白板5"软件的分析功能可以快速了解学生的预习情况和学习进度，帮助教师及时调整教学策略，确保教学效果达到最佳。同时，这种互动游戏的方式也可以引起学生对新知识的关注，激发他们的学习兴趣和动力。

通过这种方式，教师可以更好地引导学生进行自主学习和合作学习，培养他们的思维能力和创新能力。同时，教师也可以根据学生的学习情况及时调整教学策略，提高教学质量和效果。

（三）用思维导图工具导入，有的放矢

在当今的教育环境中，思维导图已经成为一种广受欢迎的学习工具，被越来越多的教师和学生所采纳和应用。思维导图工具，如"希沃白板5"，能够更好地组织学习材料，为教学提供了极大的便利，使得课堂教学变得更为高效。

"希沃白板5"这一教学软件，不仅提供了丰富的课程资源，还自带思维导图功能。通过使用该软件的思维导图工具，教师可以轻松地创建和展示思维导图，从而有效地导入学习目标。这种可视化的方式使学生能够更好地理解学习内容，明确学习方向，使他们的学习更具针对性。

以三年级上册Unit 5 Let's eat这一单元为例，教师可以在课前利用思维导图工具对教学目标进行系统的整理和归纳。通过创建一个与本课教学目标相关的思维导图（图2-1-3），教师可以清晰地展示本单元的主题以及重点知识点。在思维导图中，可以包括词汇、句型、语法等各个维度的学习目标。

在上课时，教师可以通过展示这个思维导图来引导学生进入新知识的学习。首先，帮助学生明确本课的学习目标，通过思维导图的引导，学生可以清楚地了解本课的学习方向和重点。这样的方式使学生能够有目标地进行学习，提高他们的学习效率。

此外，教师还可以鼓励学生自行创建思维导图来复习和总结所学的知识（图2-1-4）。学生可以根据自己的理解和记忆方式来构建思维导图，这将有助于加深他们对知识点的印象，并培养他们的自主学习能力。同时，通过思维导图的构建，教师还可以引导学生以旧知识引出新知识，将新旧知识进行有效的连接，帮助学生形成完整的知识体系。

通过思维导图工具的导入，教师可以更加有针对性地进行教学，学生也能够更加明确地了解学习目标，从而提高学习效果。这种教学方式不仅有助于培养学生的思维能力，还能够提高他们的学习兴趣和积极性。

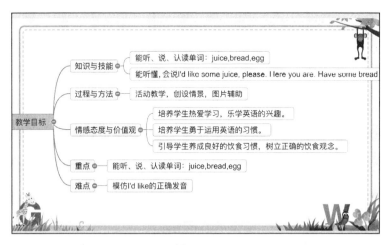

图2-1-3

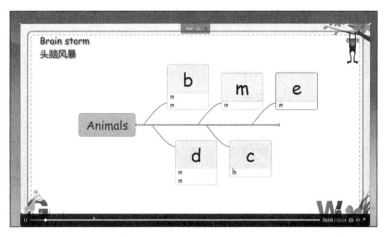

图2-1-4

三、善用技术评价，互动合作，培养良好学习习惯

"工欲善其事，必先利其器。"课堂管理和学生行为习惯的评价是很多教师面临的难题，想要提高教学效率与教学质量，保证高效且有质量的学习，课堂上学生的学习状态与高效的评价制度显得尤为重要。

（一）信息技术助力学生评价

在传统的英语课堂教学中，评价往往局限于短暂的课堂表现和期末考试成绩，缺乏持续性和科学性。这样的评价方式无法全面反映学生的学习水平和英语学习能力，甚至可能误导教师和学生对于教与学的理解。

随着信息技术的不断进步，评价工具和软件也在不断发展。其中，"班级优化大师"这一软件就是一款非常优秀的评价工具。它不仅能够帮助教师解决许多评价难题，还能够提高学生的学习兴趣和课堂效率。

首先，"班级优化大师"可以对学生进行多元化评价。这包括学生的课堂表现、作业完成情况、参与度、团队合作能力等多个方面。通过这样的评价方式，教师可以更全面地了解学生的学习情况，发现学生身上的闪光点，进而有针对性地进行教学和指导。

其次，"班级优化大师"能够激发学生的学习兴趣。通过积分、抽奖、兑换奖励等方式，学生可以在学习中获得及时的反馈和奖励，感受到学习的乐趣和成就感。这样的激励机制可以促使学生更加积极地参与课堂活动，提高学习效果。

再次，"班级优化大师"还可以将每节课的学生评价数据保留下来，形成个性化的学生成长记录。通过数据分析，教师可以随时了解

学生的学习情况和发展趋势，进而制订更加科学的教学计划和评价策略。

为了更好地实施评价，教师可以将长期目标和短期目标相结合。例如，每周利用班级报表进行短期目标评价，评选各方面的"进步之星"，查看学生的发展情况。同时，根据积分累积情况进行奖品兑换，让学生感受到自己的努力得到了认可和鼓励。

"班级优化大师"中的抽奖功能和积分奖励兑换方式也是一大亮点。每周积分达到一定分数线的学生可以随机抽取一次奖项，增加了学习的趣味性和刺激性。而学生在"小卖部"里可以兑换不同类型的奖励券，如表扬券、作业券、万能券等，得到奖励的孩子无不感到兴奋和自豪。

综上所述，信息技术在评价中的应用不仅可以使评价更加客观、科学和全面，还可以提高学生的学习兴趣和课堂效率。"班级优化大师"这一软件为教师提供了一种有效的评价工具，同时也为学生的成长和发展提供了有力支持。

（二）信息技术促课堂高效

"班级优化大师"的随机抽取功能不仅让学生感到紧张和刺激，也大大增加了他们参与课堂互动的机会。这个工具的声音效果增添了游戏的乐趣，让学习变得更加有趣。

当某个学生的名字被随机抽取出来后，"班级优化大师"的即时反馈功能便发挥作用。它允许教师立刻给出点评，让学生即刻了解自己的表现。这一功能让学生能够立即改正错误或强化正确的学习行为，有助于提升他们的学习效果。

此外，"班级优化大师"的编辑表扬和待改进功能非常实用。教师可以通过这些工具，根据学生的表现给予个性化的反馈（图2-1-

5）。例如，当学生积极回答问题时，教师可以给予"回答之星"的表扬；当学生在小组活动中展现出良好的合作精神时，教师可以给予"团队合作之星"的表扬。这些正面的反馈能够激励学生更加努力地学习。

除了上述提到的功能外，"班级优化大师"还具备倒计时功能。在某些课堂活动中，教师可能需要限制学生的答题时间或讨论时间。此时，倒计时功能就派上了用场。它能够帮助学生更好地管理时间，培养他们的时间管理能力和专注力。

总的来说，"班级优化大师"的这些小工具和功能不仅为教师提供了便利，更重要的是，它们有助于激发学生的学习兴趣，提高他们的学习效果。在信息技术的支持下，教育正变得更加高效和有趣。

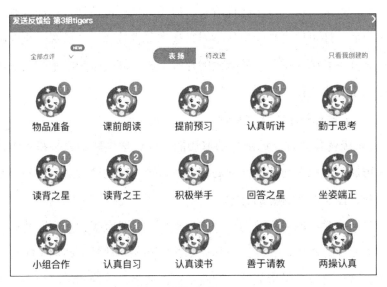

图2-1-5

（三）信息技术让合作更积极

在传统的教育观念中，学习常常被视为一种孤独的旅程。然而，在现代教育的舞台上，合作与交流已经占据了至关重要的位置。特别是在小学英语的课堂上，我们看到了一个崭新的学习模式正在兴起——小组合作学习。

这种学习模式强调的是团队间的互动与合作，它让学生们明白，每个人都有自己的长处和短处，通过互相学习、互相帮助，我们可以共同进步。在小组合作中，学生们不仅可以锻炼自己的英语口语能力，还可以培养他们的团队协作技巧、沟通技巧和领导能力。

为了进一步激发学生们在小组合作中的积极性，我们引入了信息技术这一强大的工具。"班级优化大师"这一软件就是其中的佼佼者。它不仅可以帮助教师进行分组，还可以对每个小组和每个学生的学习情况进行实时跟踪和评价。

每当一个小组或某个学生在课堂上表现出色，教师就可以给予他们相应的加分。这些分数不仅是对他们努力的认可，更是对他们未来的激励。而对于那些在听讲或参与方面稍显消极的学生，教师也可以通过加分来激励他们更加积极地参与课堂活动。

更为重要的是，这些分数会实时反映在"班级优化大师"的系统中。学生们可以看到自己和小组的得分情况，这使得他们更有动力去争取更高的分数，为小组的荣誉而战。

在信息技术的助力下，小组合作学习变得更加高效、更加生动。学生们不再只是被动地接受知识，而是成了学习的主人，他们积极地参与、主动地交流、勇敢地表达。这样的课堂氛围不仅有助于提高学生的英语水平，更有助于培养他们成为未来社会的优秀人才。

四、活用信息技术，巩固运用，提升英语学科素养

（一）利用信息技术，创设情境，创编对话

在教授新知识后，教师利用信息技术创设一定的情景或者利用平台的互动功能，让学生巩固任务更加有真实感。如人教版英语四年级上册Unit 4 My Home Part B，教师利用平台倒计时功能，让学生在限定时间内合作进行创编对话。运用平台可以任意拖拽的功能，邀请学生在John房间中寻找物品，并把物品摆放好。根据自身水平选择不同难度的语言支架进行创编对话，并上台表演。教师在教学平台上为表现好的小组加分奖励。学生通过创编对话，进一步巩固所学，提升了学生创编能力。

（二）利用思维导图，理清脉络，提升能力

教师还可以通过希沃白板思维导图，带领学生梳理英语语法知识，搭建英语学习框架，进一步促进小学生英语听、说、读、写等综合能力的提升。在故事或者对话教学中，教师把思维导图融入英语教学中，利用软件自带的思维导图工具，理清文本的脉络，动态化层层展示关键词和语句，帮助学生建立知识的网络，促进学生积极思考，使他们在语言的支架上，归纳和复述文本，进一步理解文本的主旨，并促进学生运用所学语言进行交际。

例如，三年级上册PEP版Recycle 2有一节故事绘本课The cat & The birds，教师利用思维导图（图2-1-6），动态展示文本的关键词句，提示和帮助学生借助语言支架用英语复述整个故事，让学生巩固了所学的知识，并让学生深刻领会故事所要表达的中心思想。

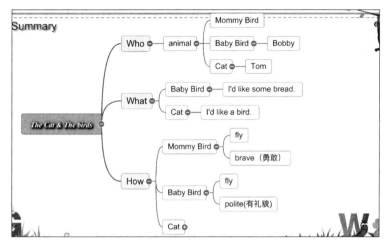

图2-1-6

（三）利用信息技术，互动练习，巩固知识

在传统教学与信息化课堂的交汇处，我们发现巩固知识是教学的核心环节，它既是对学生学习效果的检测，也是对教师教学效果的反馈。然而，在某些地区或学校，由于资源有限，无法实现每位学生人手一台移动学习端和练习测试数据分析平台。此时，我们可以借助信息技术，特别是希沃白板这一强大的工具，来解决这一难题。希沃白板不仅拥有多样化的练习形式，如随机抽选、趣味分类、超级分类、选词填空、分组竞争等，而且还具备即时互动功能，使课堂充满生机与活力。

在巩固练习环节，教师可以根据本节课的教学目标，利用希沃白板的模板创建测试题。这些测试题可以涵盖各个层次的知识点，确保每个学生都能得到适当的挑战。通过互动功能，学生可以直接在白板上完成练习，从而实现即时的反馈和互动。

而当教师需要了解学生的学习情况时，分组竞争这一功能便派上了用场。教师可以将学生分成若干小组，每组选派代表上台进行互动答题。这些题目可以是连线、匹配、归类或对抗性游戏等，让学生在轻松愉快的氛围中巩固所学知识。

通过这样的方式，教师不仅将课堂的主动权交还给了学生，还激发了他们的学习兴趣和积极性。同时，教师也可以根据学生的表现及时调整教学策略，确保有效达成教学目标。

总之，利用信息技术进行互动练习和巩固知识，不仅丰富了教学手段，还提高了学生的学习效果。在信息技术的支持下，教育正变得更加生动、有趣和高效。

五、实用信息技术，查漏补缺，促精准教与个性学

（一）微课助力，实现个性化学习

1.微课助力，为个性化学习护航

课堂上的学生，每个人都是独一无二的个体。他们的学习能力和对知识的掌握程度各不相同，对于同一内容，理解和掌握的程度也不尽相同。那么，如何满足他们的个性化需求呢？答案就是——微课。

在课后巩固环节，我们可以利用现有的资源平台或App中的微课资源，让学生根据自己的需求进行自主学习和反复观看。例如，"智慧中小学"的课程资源中，有众多名师的微课堂，我们可以轻松地将这些资源推送至学生的微信群或钉钉群中。学生只需点击链接，即可轻松登录App进行观看。

2.希沃白板的"知识胶囊"——让每一堂课都成为经典

在授课过程中，"希沃白板5"的PPT功能为教师提供了极大的便利。只需轻轻一点"知识胶囊"，整节课的内容就会被自动录制下来，并生成完整的课堂实录。如果教师提前使用"知识胶囊"录制微课，还可以轻松生成海报。家长或学生只需扫描海报上的二维码，即可随时随

地观看课堂录像，复习和巩固所学知识。

这种方式的微课录制，在线上教学中发挥了巨大的作用。希沃白板的"知识胶囊"具有两大优势：一是能够提供学生的学习数据，使教师全面了解学生的学习情况；二是在观看过程中，学生可以与视频进行互动答题，增强学习的互动性和趣味性。

在观看后，教师可以通过"知识胶囊"导出学生的学习报告。报告中详细记录了学生的学习时长、观看视频的时长、答题的时长和正确率、学习次数等数据。这样，教师能够及时掌握学生的学习状况，根据学生的反馈调整后续的教学计划。

这种个性化的学习方式不仅满足了学生的需求，还让学习变得更加高效和有趣。在信息技术的支持下，教育正变得更加个性化、智能化和人性化。

（二）技术赋能，为教学反馈注入活力

在传统的教学模式下，英语课后作业往往形式单一，内容枯燥，很难引起学生的兴趣。批改作业更是对教师的一大挑战，费时费力，且难以保证评价的精准性。那么，如何解决这一问题呢？答案依然是——技术。

通过与"一起作业"学科App的结合，英语作业得以突破传统的限制。这款App可以根据学生的学习水平，分层布置听、说、读、写的作业，确保每个层次的学生都能得到适当的挑战。

学生只需在课后使用移动"学生端"完成各种有趣的作业。这些作业形式多样，如游戏化的单词练习、单词跟读、人机对话以及电子有声绘本阅读等。这样，学生可以在轻松愉快的氛围中巩固所学知识。

更重要的是，"一起作业"学科App的后台会自动批改学生的作业。即使是语音作业，也会进行评分和纠音。这样，教师不再需要耗费大量时间批改作业，而是可以将更多的精力投入个性化辅导上，帮助学生更好地掌握知识。

每次完成作业后，"家长端"会自动生成一系列数据，包括作业成绩、知识掌握度、作业时长、错题情况以及学生个体作业报告等。这样，家长可以更全面地了解孩子的学习情况。

而"教师端"则通过数据分析，掌握每名学生的学情。教师可以查看每道题的完成情况、高频错题等，从而精准地调整教学策略，提升教学效率。此外，"一起作业"学科App还会生成学期报告（图2-1-7）、周报和月报等，为教师提供全方位的教学反馈。

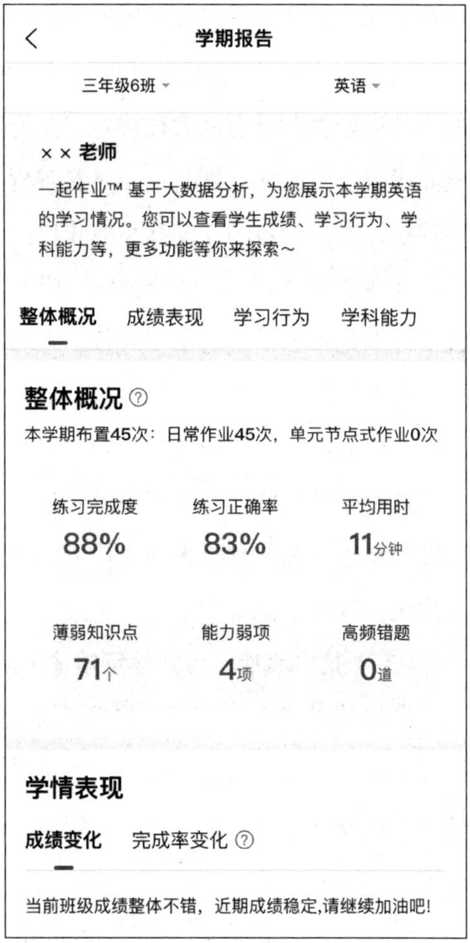

图2-1-7

通过技术与教育的结合，我们不仅可以激发学生的学习兴趣，还可以为教师提供精准的数据支持，确保教学的高效与个性化。

在多技术融合的环境下，小学英语教学迎来了前所未有的变革。技术的运用，不仅仅是为了追求新颖或赶时髦，而是真正满足学生的学习需求，激发他们的学习热情，使他们真正成为英语学习的主角。以学生为主体，发挥他们在英语学习中的主体意识、主体地位、主演角色和主动作用，是技术运用的核心原则。这不仅仅是理论，更是实践中我们坚持的理念。当技术成为学生学习的好帮手，而不仅仅是教师的辅助工具时，英语学习的内化过程才真正开始。

信息技术与小学英语教学的融合，为教学带来了革命性的变化。知识的传递不再局限于课堂，而是延伸到了课前和课后。学生在家中、在业余时间都能自由地获取知识，为课堂上的知识内化奠定了基础。而课堂，则成了学生展示、交流、互动的舞台，教师则成了这场表演的导演，引导学生将所学知识转化为实际应用。

课前、课中和课后的每一个环节，都离不开技术的支持。预习、复习、作业、反馈……每一个环节都因为技术的融入而变得更加高效、有趣。学生不再是被动的接受者，而是成了学习的主动参与者，真正体验到了英语学习的乐趣。技术的运用，不仅仅是辅助教师的"教"，更是为了服务学生的"学"。当学习真正成为主体内化的活动，当知识不再是从外部灌输，而是由学生主动吸收和运用时，我们才可以说，真正达到了技术与教学的完美融合。

总之，在多技术融合的环境下，小学英语教学正在经历一场前所未有的变革。技术为教学注入了新的活力，带来了新的机遇和挑战。让我们携手共进，为学生创造一个更加美好的英语学习环境。

第二节　多技术融合环境下小学英语的课堂评价策略

在互联网环境下，评价反馈的内容和方式更加动态、多元，在多种信息技术融合的条件下，小学英语教学课堂的评价可以从学生和教师两个方面来考虑。

一、学生方面的评价策略

自我评价：学生可以通过自我评价来了解自己的学习进展和不足之处。在信息技术融合的条件下，学生可以借助在线评估工具或者自我反思来评价自己的学习成果。

互相评价：在合作学习或者小组活动中，应用信息反馈技术可以进行点评，通过互相评价来了解同伴的学习情况和进步。这种评价方式可以促进学生的交流和合作，同时也可以帮助他们发现自己的不足之处。

作品展示与分享：学生可以通过展示和分享自己的作品，如英语短文、口语表演、PPT演示等，来评价自己的英语学习成果。这种评价方式可以培养学生的创造力和自信心。

二、教师方面的评价策略

形成性评价：教师可以通过观察学生的表现、作业完成情况、考试成绩等，来评价学生的学习进展和成就。在信息技术融合的条件下，教师可以通过在线评估工具或者数字化教学资源来观察学生的学习情况。

终结性评价：教师可以通过综合性的考试、作业或者项目评估等方式，来评价学生在整个学期的学习成果。在信息技术融合的条件下，教师可以利用在线考试系统或者数字化评估工具来进行评估。

表现性评价：教师可以通过观察学生在实际情境中运用知识和技能的能力，或者通过让学生完成实际任务来评价学生的学习成果。在信息技术融合的条件下，教师可以利用虚拟现实技术或者模拟软件来创设实际情境。

成长记录袋评价：教师可以通过收集和整理学生的作品、成绩单、反思日记等资料，来评价学生的学习进展和成就。在信息技术融合的条件下，教师可以利用数字化成长记录袋来记录学生的学习情况。

在课堂上，教师可以根据教学内容设计本节课的教学评价，也可以结合网络平台，如"班级优化大师""爱种子"平台，构建混合式的教学评价体系，不仅可以有效激发学生学习的动机、兴趣，有效调控学生的学习过程，让学生增强自信，体验成功的喜悦，教师还可以及时获得反馈信息，进一步优化和改善教学方式、途径，优化教学效果。例如，在教学四年级下册Unit 4 At the farm时，学生在学完自主学习课文内容后，教师为了检测学生掌握课文的情况设置了一些练习fill in the forms，而学生使用应答器进行作答，教师可即时看到学生的反馈信息，追踪答题不正确的学生，对其存在的问题进行指导和评价，最后通过"班级优化大师"对其进行评价。

三、课堂的评价策略

基于以上的考虑，在多种信息技术融合的条件下，信息技术与小学英语教学融合的课堂教学的评课表可以从以下几个方面来考虑。

教学目标：评课表应首先关注教学目标是否明确、具体、可操作，是否符合学生的年龄特点和认知水平，是否能够激发学生的学习兴趣和动力。

教学内容：评课表应评价教学内容是否与教学目标相符合，是否具有时代性、科学性、趣味性，是否能够培养学生的语言实际运用能力和文化意识。

教学方法：评课表应评价教师是否能够灵活运用多种教学方法和手段，是否能够将信息技术与英语教学有机融合，是否能够引导学生主动参与、探究、实践和思考。

教学手段：评课表应评价教师是否能够熟练运用现代信息技术手段，如多媒体教学资源、在线学习平台、交互式白板等，是否能够将传统教学手段与现代信息技术手段有机结合，提高教学效果。

学生表现：评课表应关注学生的参与度、注意力、兴趣、思维等方面的情况，评价学生在课堂上的表现是否积极、活跃、有创意，是否能够自主探究、合作学习和发现问题。

教师素养：评课表应评价教师的语言表达能力、教学组织能力、课堂调控能力以及自身的专业素养等方面的情况，同时也应关注教师的教育理念和教学态度是否认真负责、敬业乐业。

教学效果：评课表应从教学目标达成度、教学内容完成度、教学方法有效性、教学手段适用性、学生表现积极性等方面对教学效果进行评价，同时也应关注学生的作业完成情况和学习成绩是否有明显提升。我们利用"希沃信鸽"二维码对教师的课堂进行评价，评价表见表2-2-1：

表2-2-1

评价对象 教师主导作用	序号	指标	分值	评价
教师的主导作用（总分：35分）	1	1. 体现新课标的教学理念，面向全体学生，尊重个体差异。 2.注重过程评价，促进学生发展	（5分）	
	2	1. 理解把握和处理教材的能力。 2. 教学目标明确并能突破难点。 3.专业基本功扎实，能用流利的英语组织教学	（15分）	
	3	1. 教学亲切自然有感染力，语言生动，善于创设问题情境、启发提问和开展活动，注重联系学生生活实际创设真实的语言环境。 2. 教学思路清晰，注重各学科的整合，收放自如，难易得当。 3. 注重教学方法的调控和学习方法的指导	（10分）	
	4	1. 有自己独特的教学特色，教学设计新颖。 2. 教学改革意识明显，能在教学过程中生成新的教学资源	（5分）	
学生的主体地位（总分：40分）	5	1.课前有预习，带着问题上课。 2. 课堂上师生或生生之间形成日常小对话的好习惯。	（5分）	
	6	1. 积极参与语言实践活动，参与面广，并富有成效。 2. 积极参与师生之间、学生之间真实的情感交流。 3. 交际活动有合作意识，愿意倾听、获取他人信息	（15分）	

续 表

评价对象 教师主导作用	序号	指标	分值	评价
学生的主体地位（总分：40分）	7	1. 思想、思维活跃，能主动表达看法、观点。 2. 能够较好感知理解学习内容。 3. 集中注意力，紧随整个教学过程	（15分）	
	8	1. 敢于提出疑问，勇于探索。 2. 有独特见解或解决方案。 3. 善于迁移知识，有较强的知识再生能力	（5分）	
教学实际效果（总分：25分）	9	1. 完成课时计划，达成事先预计的目的和目标。 2. 不同层次学生都有学有所得	（15分）	
	10	1. 学生学习兴趣浓厚。 2. 学生学习策略得当	（10分）	
		本节课总体评价： 优秀≥90分；良好≥80分；合格≥60分； 不及格<60分	总分	

第三节　多技术融合环境下小学英语的学生学习策略

在多技术融合环境下，信息技术与小学英语教学融合后，学生的学习策略一般包括以下几个方面。

一、自主学习策略

小学生可以通过利用信息技术资源，如在线学习平台、学习软件、网络课程等，进行自主学习。这些多媒体资源可以提供丰富的视听体验，帮助学生更好地理解和记忆英语知识。学生可以自己制订学习计划，选择学习内容，并对自己的学习进度进行监控和调整。这种自主学习策略可以培养小学生的独立思考和自我管理能力。比如在英语课前，利用"国家中小学智慧教育平台"等网络平台上寻找一些名师的微课，可以先预习，也可以课后复习。教师利用希沃课件录制成"知识胶囊"，生成微课发送到微信群，学生们可以扫码观看。

二、合作学习策略

在多技术融合模式下，小学生可以通过合作学习策略，如小组讨论、角色扮演、同伴教学等，来提高他们的英语学习能力。这些合作学习策略不仅可以促进学生的交流和合作，还可以帮助他们互相学习和借鉴。通过互联网和多媒体技术，学生可以与同学、老师进行实时互动，开展讨论、合作、交流等活动。我们还可以利用一些平台，比如"国家中小学智慧教育平台"，创建行政班级，班主任和任课教师们在平台上推送资源，学生可以在平台上进行交流、合作等实时互动。

三、游戏化学习策略

利用游戏化的教学方式，将学习内容与游戏相结合，让学生在轻松愉悦的氛围中学习英语知识。这种游戏化学习策略可以激发学生的学习兴趣和动力，提高他们的学习效果。我们可以利用"希沃白板5"互动功能的游戏，激发学生的学习兴趣和动力，巩固学生所学的知识。例如，教师可以通过拖拽、缩放等操作，展示游戏过程；学生也可以通过触摸屏幕、手势操作等方式，参与到游戏中。这样的互动方式，有助于缓解学生的紧张情绪，让他们更愿意投入学习中。

四、自我管理策略

在多技术融合模式下，小学生可以通过自我评价策略，如制订学习目标、记录学习进展、分析学习成果等，来评价自己的英语学习效果。这种自我评价策略可以帮助小学生了解自己的学习状况，发现问题并及时调整学习策略。例如，利用"班级优化大师"进行学生自我管理是一种有效的方法。以下是一些策略，帮助学生在课堂上利用"班级优化大师"进行自我管理。

设定学习目标：引导学生设定明确、可衡量的学习目标。在"班级优化大师"平台上，学生可以清晰地看到自己的学习目标，并时刻关注自己的进展。

时间管理：利用"班级优化大师"的日历功能或任务清单，让学生规划自己的学习时间和任务。这样可以帮助他们更好地管理时间，提高学习效率。

进度跟踪：学生可以通过"班级优化大师"的进度监控功能，实时了解自己的学习进度，以及与学习目标的差距。这样能够激励他们更有动力地学习。

自我反思与调整：定期引导学生进行自我反思，让他们思考自己在课堂上的表现、学习策略的有效性等。在"班级优化大师"上，学生可以记录自己的反思，并根据反思调整学习策略。

激励与奖励：设置奖励机制，当学生达到一定的学习目标或取得显著进步时，给予他们奖励。这种正向激励可以增强学生的学习动力。

沟通与交流：利用"班级优化大师"的讨论区或即时通讯工具，鼓励学生之间、学生与教师之间的交流。这有助于学生分享学习经验、解决问题，同时也能促进班级的团队协作。

个性化学习策略：每个学生都有自己的学习风格和习惯。通过"班级优化大师"，教师可以根据学生的学习数据和反馈，为他们提供个性化的学习建议，帮助他们找到最适合自己的学习策略。

作业与任务管理：在"班级优化大师"上布置作业、发布任务，并设置截止日期。学生可以清晰地看到作业列表和完成情况，有助于他们合理安排时间，养成良好的作业习惯。

资源共享与利用：在"班级优化大师"上分享学习资源，如课件、视频、练习题等。这样学生可以随时下载或查看，方便他们自主学习和复习。

参与课堂活动：通过"班级优化大师"组织线上或线下课堂活动，

如小组讨论、角色扮演、互动问答等。鼓励学生积极参与，提高他们的课堂参与度和投入度。

通过以上策略，学生能够更好地利用"班级优化大师"进行自我管理，提高学习效果和自主学习能力。同时，教师也能更好地了解学生的学习状况，为他们提供更有针对性的指导和支持。

五、语境学习策略

在信息技术与小学英语教学的融合实践中，小学生可以通过语境学习策略，如模拟对话、虚拟场景、语言游戏等，来提高他们的英语口语和听力能力。教师可以结合希沃白板微课、微信、钉钉等工具，制作生动有趣的微课视频，为学生创设一个有趣的学习环境。例如，在讲解某个语法点时，教师可以制作一个微动画，通过故事的形式展示语法规则，让学生在观看过程中理解并运用。利用微信，教师可以创建一个英语学习群，定期发布一些英语学习的资源，如语音、视频、文章等，并鼓励学生分享自己的学习心得和成果。教师可以通过这些平台组织线上英语角、话题讨论、角色扮演等活动，让学生在轻松的氛围中运用英语进行交流，提高他们的实际运用能力。

总的来说，在多技术融合环境下的小学英语教学中，学生的学习策略应注重合作学习、自主学习、语境学习、资源利用和自我评价等方面的发展。这些学习策略的运用可以帮助小学生更好地掌握英语学习内容，提高他们的英语学习能力。

第 三 章

多技术融合环境让教学变得
有趣和生动

第一节　多技术融合环境让小学英语作业变得更有趣

英语作为一门语言的学科，教学目标就是培养学生听、说、读、写的能力。传统的小学英语作业模式在巩固学生听、说、读的方面明显优势不足。在机械的抄写、听写、背诵等方式下，学生逐步丧失完成作业的积极性，从"我要做"变成"要我做"。

为了提高学生完成作业的兴趣，让课后作业达到预期的巩固效果，笔者在教学实践中，借助信息技术的手段把英语作业从传统的模式解脱出来，积极进行小学英语作业模式的变革。我们利用免费教学平台和学习App进行布置英语课后作业，不但有效激发学生学习兴趣，提高课后作业的巩固效果，同时高效收集学生学习的反馈信息。教师根据平台的数据分析，调整教学行为，做到精准教学。以下是笔者以"一起作业网"平台为例，介绍利用信息技术平台，在英语词、句、篇等方面进行的几点尝试。

一、信息技术让小学英语巩固词汇作业更有趣

研究表明，小学生单词量的多少直接决定他们英语听、说、读、

写能力的发展。大部分小学生的英语成绩不好，归结于英语单词没有掌握。传统的小学英语词汇作业就是跟录音读单词、抄写单词、背诵单词或者听写单词。这种作业模式，不利于学生听、说能力的发展，更不用说提起学生做作业的兴趣了，所以信息技术的融入，特别是教育应用程序，如"一起学"App的使用，极大地丰富了小学生英语词汇的学习方式，使得单词的巩固变得更加有趣和有效。以下是一些具体的方法和例子，展示了如何利用信息技术提高词汇学习的趣味性和效率。

互动式学习活动："一起学"App可以提供互动式的学习活动，例如通过拖放单词到正确的图片上，或者将单词与相应的定义匹配。这种互动性不仅增加了学习的趣味性，还加深了学生对单词含义的理解。

多媒体辅助学习：利用声音、图片和视频等多媒体资源，可以帮助学生更好地记忆单词。例如，学生可以通过听单词的正确发音来模仿，通过观看带有单词的图片或视频来增强记忆。

游戏化学习：游戏化是提高学习兴趣的有效手段。在"一起学"App中，可以通过设计英语单词拼写比赛、单词接龙、单词猜谜等游戏，让学生在游戏中学习和巩固单词。

个性化学习路径：信息技术可以根据学生的学习进度和能力，提供个性化的学习建议和练习。这意味着每个学生都可以根据自己的节奏和需求来学习，从而提高学习效率。

即时反馈和奖励机制：通过"一起学"App，学生可以立即得到作业的反馈，了解自己的学习情况。同时，应用程序中的积分系统和徽章奖励可以激励学生继续努力。

家长参与：家长可以通过"一起学"App跟踪孩子的学习进度，参与到孩子的学习过程中，提供必要的支持和鼓励。

数据驱动的学习分析：教师可以利用App提供的数据分析功能，了解班级或个别学生的学习情况，从而调整教学策略，更有效地帮助学生掌握单词。

通过上述方法，信息技术不仅让英语单词的学习变得更加有趣，还通过个性化学习、即时反馈和数据分析等功能，提高了学习的有效性。这种现代化的学习方法能够激发学生的学习兴趣，提高他们的自主学习能力，最终达到提高英语水平的目的。

二、信息技术让小学英语巩固句型作业更有趣

在传统的小学英语教学中，作业的布置往往侧重于机械记忆和重复练习，如背诵、抄写等，这不仅枯燥乏味，还可能抑制学生的学习热情和兴趣。然而，随着信息技术的不断发展，小学英语巩固句型作业的形式和内容也得到了极大的丰富和提升。信息技术不仅让英语作业变得更有趣，还能有效地提高学生的学习效果。

首先，信息技术为英语作业提供了多元化的练习方式。传统的作业形式单一，缺乏趣味性和互动性，而信息技术则可以通过多种形式进行句型练习，如跟读、选择、填空、配音等。这些形式多样的作业不仅能提高学生的兴趣，还能帮助学生从多个角度理解和巩固句型。

以PEP教材一年级下册Unit One Classroom Lesson 2为例，我们可以利用信息技术平台，如"一起作业网"来布置和检查学生的句型作业。首先，在"句子跟读"环节，学生可以在平台上逐句跟读课文，并录制自己的朗读声音。平台会实时对学生的朗读进行评分，并指出需要改进的地方。这种方式不仅能提高学生的口语表达能力，还能帮助他们形成正确的语音和语调。

其次，信息技术可以提供个性化的学习反馈和指导。传统的作业批改方式往往是教师进行人工批改和纠错，这种方式不仅效率低下，还可

能因为教师的个人观点而影响学生的发挥。而信息技术平台则可以自动批改和纠正学生的作业，并根据学生的学习情况给出个性化的反馈和建议。这样不仅可以减轻教师的负担，还能让学生得到更准确、更及时的反馈，进而更好地巩固句型知识。

其次，在"一起学"软件中，教师可以选择一个与生活密切相关的主题或情境，如"超市购物""公园游玩"等。软件会自动生成相应的场景，并提供人物角色、道具和背景音乐等元素。学生可以选择自己喜欢的人物角色，进入情境，与软件进行人机对话。

例如，在"超市购物"的情境中，学生可以选择扮演顾客或售货员，软件会模拟真实的购物对话场景。学生需要根据情境，说出相应的句子或表达自己的想法。如果学生说出一个正确的句子，软件会给予及时的反馈和评分。同时，软件还会对学生的发音进行智能识别和评分，如果发现学生的某个单词或句子发音不标准，系统会自动提示并提供正确的发音示范。

这种情境化的学习方式能够极大地提高学生的口语表达能力和句子组织能力。通过模拟真实的场景，学生能够更好地理解和运用所学的句型知识。同时，软件的即时反馈和智能评分机制也能够激发学生的学习兴趣和积极性。

最后，这种情境化的学习方式还有助于提高学生的朗读语音准确性。通过模拟真实的语音环境，学生可以更加自然、准确地发音。而软件的智能识别和纠错功能也能够帮助学生及时发现并纠正发音问题，提高语音准确性。

总之，"一起学"软件通过创设真实的情境，模拟真实的语言环境，以及提供智能反馈和评分机制等方式，让学生的英语作业变得更加有趣、有效。这不仅能够提高学生的口语表达能力和句子组织能力，还能够提高他们的朗读语音准确性，为他们的英语学习打下坚实的基础。因此，教师在教学过程中应该充分利用信息技术，为学生提供更有趣、更有效的学习体验。

三、信息技术让小学英语阅读类作业更有趣

英语阅读是学生进行英语语言输入的重要手段，也是丰富学生的词汇量，潜移默化向学生渗透句型、语法等知识，培养学生的跨文化意识的有效途径。在英语教学中，教师要注重英语阅读教学。传统的小学英语阅读类作业一般都是要求学生阅读一些绘本。虽然一些绘本书籍都配有图片和文字，但是都是一些无声读本，不能引起学生的兴趣，也无法检测学生是否理解。传统的英语阅读作业往往形式单一，缺乏趣味性，导致学生缺乏阅读的动力和兴趣。然而，随着信息技术的发展，信息技术可以为英语阅读作业提供丰富的资源和多样化的练习方式。例如，"一起作业网"平台提供了大量的分级绘本阅读资源，这些绘本内容生动有趣，符合学生的年龄特点和兴趣爱好。教师可以根据教学内容和目标，选择适合学生的绘本故事，让学生在阅读中巩固所学知识，提高阅读能力。

在阅读过程中，学生可以借助信息技术手段进行多种形式的练习。例如，学生可以点击屏幕进行翻页，同时平台会播放故事的声音，帮助学生理解故事内容。对于不懂的单词或句子，学生可以再次点击，平台会显示注释、单词和发音，让学生身临其境地感受故事情境。这种互动式的阅读方式能够激发学生的学习兴趣和积极性，提高他们的阅读能力和理解能力。

此外，信息技术还可以为英语阅读作业提供个性化的反馈和指导。在传统的英语阅读作业中，教师往往只能通过批改作业了解学生的学习

情况，这种反馈方式不仅效率低下，而且无法做到个性化指导。然而，信息技术平台可以根据学生的学习情况给出个性化的反馈和建议，帮助学生更好地理解故事内容，提高阅读能力。同时，教师也可以根据平台的数据分析，了解学生的学习情况，调整教学策略，做到精准教学。

信息技术融合英语阅读作业可以使其更有效果、更有趣味性。通过丰富的资源和多样化的练习方式，信息技术能够激发学生对英语阅读的兴趣和积极性，提高他们的阅读能力和理解能力。同时，信息技术还可以为教师提供个性化的反馈和指导，帮助教师更好地了解学生的学习情况，调整教学策略，提高教学效果。因此，教师在教学过程中应该充分利用信息技术手段，为学生提供更加有趣、有效的学习体验。

总而言之，当下信息技术飞速发展，涌现了许多教育教学平台，也深远影响了我们的教育教学。我们要善于利用信息技术手段，结合学科特点和学生的学情，对传统的英语作业模式进行改革，让小学英语作业更有趣，最终能提高小学生的英语语言能力和学科素养。

第二节　多技术融合环境让小学单词语音教学变得更有趣

一、引言

《义务教育英语课程标准（2022年版）》指出，义务教育阶段英语课程的目的是培养学生初步的综合语言运用能力，并通过英语学习和实践，逐步提升学生的语言技能、语言知识、文化意识、交际策略等核心素养，为学生未来跨文化交流和终身发展奠定基础。在课程实施中，要注重培养学生的语言运用能力，加强对学生实际语言运用能力的培养和训练。

如果学生在学习英语的过程中，记不住单词，就无法完整地理解句子的意思，也无法有效地运用英语进行交流；如果学生发音不标准也会影响学生的口语表达和听力理解，进而影响其英语运用能力；记忆单词和练习发音是学习英语的基础任务，如果学生在这方面遇到困难，可能会感到沮丧和无助，甚至对自己的学习能力产生怀疑，进而影响学习动力和自信心。因此，针对学生记不住单词、发音不标准的问题，教师应当采取有效的教学策略和方法，如利用自然拼读法、语境教学、游戏化学习等方式，帮助学生克服学习困难，提高学习效果。

目前在英语语音学习中，小学阶段最为流行是自然拼读法。自然拼读法（Phonics）是指看到一个英语单词，就可以根据英文字母对应的发音，把这个单词读出来的一种方法。虽然自然拼读法是背单词的方法之一，但绝不是单单为背单词服务的，它也是作为一种学习阅读的方法和技能。当学生在阅读时，遇到不懂的单词，他们也会先尝试拼读单词，所以自然拼读法能在阅读中得到训练和提高。

结合清远市的实际情况，一、二年级的英语教材采用PEP人教一年级起点的版本。学校每周只开设一节英语课。如何在一周一节课的有限时间内，提高一、二年级学生的英语学习兴趣，扫除英语学习上的单词障碍，成为一、二年级的教学重点和难点。所以，我们根据学生的年龄特点，基于多技术融合环境下，实行渗透自然拼读法，让学生识记单词无障碍，提高学生的学习英语兴趣。

二、巧用信息技术前置自主学习语音

为了提升学生的英语拼读能力，教师可以利用信息技术手段，如制作互动课件、使用英语教育App等，引导学生进行前置学习。通过布置作业预习，教师可以让学生提前预习单词的发音、拼写和意义。结合"一起学"App等学习平台，教师可以发布预习任务，让学生自主完成单词的发音练习。通过自主学习，学生对单词有初步的了解和感知，为后续的学习打下基础。同时，教师还可以利用微课资源，播放一些有趣的音标或者字母发音的chant，或者一些语音绘本小故事的视频。这些资源可以帮助学生提前掌握发音技巧，并根据自己的程度反复观看。此外，教师还可以制作互动课件，让学生尝试不同辅音和元音相拼得出单词发音。通过互动的练习，学生可以更加深入地理解发音规则，提高拼读能力。

通过信息技术手段的应用，教师可以更加有效地引导学生进行前置学习，提高学生的学习效果和自主学习能力。这种教学方法能够激发学生的学习兴趣和动力，让他们更加主动地参与到英语学习中来。

三、多媒体激趣导入字母自然拼读发音

语音教学是小学英语教学中非常重要的一部分，对于学生掌握英语发音和口语表达能力有着至关重要的作用。然而，传统的语音教学方式往往枯燥无味，缺乏趣味性，导致学生缺乏学习的动力和兴趣。在字母语音教学中，教师可以将字母的发音与音乐的节奏和韵律相结合，创作出富有节奏感的chant或歌曲。这些chant或歌曲可以帮助学生更好地掌握字母的发音和语音特点，同时也能够提高学生的学习兴趣和积极性。

例如，在教字母A的发音时，可以创作一首简单的歌曲：

A，A，A，A is for apple.

Red and round， it looks so yummy.

A，A，A，A is for ant.

It is small and runs so funny.

这首歌曲不仅帮助学生掌握了字母A的发音，还通过与苹果、蚂蚁等单词的结合，让学生更好地理解了语音在实际应用中的作用。同时，歌曲的节奏感和韵律也能够让学生在轻松愉快的氛围中学习语音知识。

除了歌曲之外，教师还可以利用节奏、韵律等元素，将字母的发音串联起来，变成朗朗上口的chant。这些chant可以帮助学生更好地掌握字母的发音和语音特点，同时也能够提高学生的口语表达能力和语音准确性。

例如，在教字母B的发音时，可以创作如下的chant：

B，B，B，B is for ball.

Throw it up and catch it with ease.

B，B，B，B is for bear.

It is big and brown and very scary.

这个chant不仅帮助学生掌握了字母B的发音，还通过与球、熊等单词的结合，让学生更好地理解语音在实际应用中的作用。同时，chant的节奏感和韵律也能够让学生在轻松愉快的氛围中学习语音知识。

此外，在课堂上，教学字母作为首字母发音的时候，需要反复带着学生读，但是这样会让学生觉得枯燥无味。我们利用节拍把字母和字母发音串联起来，变成朗朗上口的一首chant进行带学生读，学生读得兴趣盎然，乐此不疲。例如，教Bb发音的时候，我们可以利用视频、音频节奏x.x|x.x|xx xx|xx xx|xx x|，学生跟着老师的节奏一起唱b./b/|b./b/|/b//b//b//b/|/b//b/ /b//b/|/b//b//b/|，比枯燥无味的反复跟读有趣多了。

因此，将字母语音教学与音乐韵律融合是一种非常有效的教学方式。通过创作富有节奏感的chant或歌曲，教师可以帮助学生更好地掌握字母的发音和语音特点，提高学生的学习兴趣和积极性。同时，这种教学方式还能够提高学生的口语表达能力和语音准确性，为学生未来的英语学习打下坚实的基础。

四、信息技术促小组合作评价提效果

为了提高一、二年级学生的英语拼读能力，教师可以使用评价软件（如"班级优化大师"等）来组织小组合作评价。在课前，教师需要充分了解学生的特点，包括他们的学习兴趣、学习风格等，然后进行合理分组，每个小组由不同水平的学生组成，并指定小组长。

在英语课堂上，教师首先布置单词语音学习任务，要求学生以小组为单位合作完成。小组长负责组织成员进行讨论、练习和互评。他们可以一起探讨单词的发音、拼写和意义，互相纠正发音错误，共同进步。

为了更好地观察各小组的合作情况，教师可以通过评价软件的实时监控功能，观察学生在小组活动中的表现，并及时给予指导和反馈。如果发现某个小组遇到困难，教师可以给予提示和帮助，引导他们顺利完成任务。为了让学生更好地掌握单词的发音和拼读规则，教师可以使用评价软件设定规则，规定学生在特定时间内完成单词语音的练习，然后进行小组展示。这样可以有效地掌控课堂节奏，避免学生注意力分散。

针对一、二年级学生注意力集中的时间较短的特点，教师可以采用简单口令与字母的发音或拼读规则相结合的方式，激发学生的学习兴趣和动力。例如，当教师说"A"时，学生要快速回答字母"a"的发音"/æ/"，以此类推。此外，教师还可以利用评价软件的随机点名功能，与小组进行互动对唱。这种形式不仅可以激发学生的兴趣和参与度，还可以帮助他们更加深入地了解单词的发音和拼读规则。例如我们在学习A /æ/，B/b/，C/k/，D/d/等首字母发音以后，我们可以这样做：老师说AAA，学生说/æ//æ//æ/，老师说BBB，学生说/b//b//b/，老师说CCC，学生说/k//k//k/。这样既可以集中学生注意力，也可以复习字母作为首字母发音的规律，一举两得。

通过使用评价软件组织小组合作评价、结合简单口令与字母发音规则以及互动对唱等方式，教师可以帮助学生更好地掌握英语单词的拼读技巧，提高他们的学习兴趣和自主学习能力。

五、借用互动技术让汉语拼音正迁移

在认知心理学"迁移理论"的指导下，拉多（Lado）这位第二语言习得理论的奠基人进行了母语与外语之间的对比研究，并提出了"语言迁移"学说。而奥苏伯尔的认知结构迁移理论也强调了汉语拼音对英语语音学习的正迁移作用。尽管汉语拼音与英语的自然拼读法发音之间存在显著差异，但学生们和教师常常会不自觉地将拼音的发音习惯迁移到英语字母的发音中，借助已有的拼音知识实现对新语音的认知。

为了使学生能够快速准确地发出英语单词的正确读音，并建立起单词与读音之间的紧密联系，我们经常在英语教学中渗透自然拼读法。考虑到一年级学生在第一学期中期已经牢固掌握了汉语拼音，我们可充分利用这一阶段的学习成果，发挥汉语拼音的正迁移作用（表3-2-1，表3-2-2）。具体来说，可以将汉语拼音的韵母与英语字母组合发音进行细致比较，寻找它们之间的相似之处。通过这种方式，学生可以在已有知识的基础上，更加轻松地掌握英语语音的发音规则，降低学习难度，提高学习效率。

例如，教师可以引导学生比较汉语拼音中的"an"与英语单词"an"的发音，发现它们的相似之处，并利用这种相似性来帮助学生更好地掌握英语单词的发音。通过这种方式，学生可以更加深入地理解英语单词的发音规则，提高发音的准确性和流畅性。

表3-2-1　汉语拼音声母与字母所对应的自然拼读发音相似列表

汉语拼音	b	p	m	f	d	t	n	l	g	k	h	z	c	s
字母	b	p	m	f	d	t	n	l	g	c/k	h	ds	ts	s

表3-2-2　汉语拼音韵母与字母组合所对应的自然拼读发音相似列表

汉语拼音	a	o	e	i	u	ai	ei	ao	ou	iu	ing
字母	ar	or	ur/ir	ee/ea	oo	i	ay/ai	ou/ow	ow/oa	u	ing

教师在教学中一定要注重母语（汉语）对英语语音教学的作用，但是不要过于强调母语发音，因为毕竟母语发音与英语语音还是存在着一

定的差别，尤其英语中存在着诸多的音变现象，以免过犹不及。

我们在信息技术环境下如何有效将汉语拼音迁移到学生学习自然拼读法方面，可以采取以下几个措施：

（1）制作多媒体课件，将汉语拼音与英语字母进行比较，展示它们之间的相似之处。通过动态演示和讲解，帮助学生理解汉语拼音与自然拼读法之间的联系，促进正迁移效应。

（2）通过一些小程序，播放音频引导学生进行汉语拼音和英语字母发音的对比练习。通过软件的实时反馈，学生可以纠正发音错误，加深对英语字母发音规则的理解。

（3）教师可以利用互动的功能，设计有趣的语音游戏和挑战任务。这些任务可以要求学生将汉语拼音与英语字母进行匹配，或者模仿汉语拼音的发音规则来拼读英语单词。通过游戏化学习，学生可以在轻松愉快的氛围中巩固汉语拼音的知识，并将其迁移到自然拼读法的学习中。

六、使实用手势和互动功能突破拼读关

为了帮助一、二年级的学生更好地掌握英语单词的发音拼读，教师可以利用动态手势语来形象化辅音和元音的相拼碰撞过程。通过手势的模拟，让学生更加直观地了解发音技巧，提高拼读能力。

具体来说，教师可以采用左右手代表辅音和元音的方式，每读一次辅音，左手往右手靠近一步；每读一次带有元音的音节发音，右手靠近左手一步。在轮流发音的过程中，两手掌不断靠近，最后两手掌相拍，两音相碰，学生就能把单词的发音拼读出来。

例如，在教学"bike"这个单词时，教师可以这样操作：左手掌代表/b/，右手掌代表/aik/。学生跟着老师读/b/时，左手就靠近一步；接着

读/ɑik/时，右手也向中间靠进一步。轮流读/b/和/ɑik/时，两手掌也逐步靠近，最后两手掌相拍，拼出/baik/的发音。

同时，教师还可以制作互动课件来辅助教学。通过动态演示，将元音和辅音随机相结合，让学生不断尝试拼读。并及时反馈学生的发音情况，通过不断练习的方式，激发学生的学习兴趣和动力，提高学习效果。

通过手势和互动课件的结合使用，学生可以更加深入地理解英语单词的拼读规则，提高拼读能力。这种教学方法不仅形象易懂，而且能够有效地帮助学生掌握正确的发音技巧。

七、借鉴汉语拼音拼读法提升拼读能力

一、二年级学生有一定汉语拼音的拼读能力，可引导学生发现英语音标与汉语拼音之间的相似之处。例如，英语中的元音类似于汉语拼音中的韵母，而辅音则类似于声母。通过这种比较，学生可以更快地掌握英语音标的发音规则。

比如"马虎"，学生会这样拼：m-ǎ，h-ū，mǎ hū。同样，我们在教学拼读单词发音的时候可以借鉴这种方法，比如教师亲身展示拼读发音与口型，bag，b-/b/，a -/æ/，g-/g/，/b/-/æ/- /g/，/bæg/。

遇到元音后面跟着鼻音的单词，我们可以采用类似汉语拼音中声母与前鼻音韵母、后鼻音韵母相拼的方法。教师可以指导学生将英语单词拆分成音节，然后逐个音节进行拼读。例如，对于单词"map"，教师可以引导学生将其拆分为"m"和"ap"两个音节，并分别拼读。又例如：在学习了单词can的拼读时，教师借鉴汉语拼音拼读的方法告诉学生：字母c发/k/，an 的发音和汉语拼音an 相同，让其拼读/k/- /æn/-/kæn/ 从而得出正确发音，进而教师又写出fan、man、han让学生们练习单音节，然后启发性教读land、hand，等等，循序渐进，举一反三。

八、利用信息技术巩固、反馈和个性化辅导

教师利用信息技术手段，设计多样化的巩固练习，如听音辨词、单词拼写等。通过练习，帮助学生巩固所学单词的发音和拼写，并加深对单词意义的理解。

（1）在课后，教师要制作微课视频，通过动画演示，学生可以更加直观地了解发音和拼读技巧，提高拼读的准确性；教师可以选择一些语音识别软件，让学生在练习拼读时使用。通过软件的实时反馈，学生可以及时纠正自己的发音错误，提高语音的准确性。

（2）用教育App，设计有趣的语音游戏和挑战任务。这些任务可以要求学生根据后台的示范，进行英语单词的拼读练习。通过游戏化学习的方式，激发学生的学习兴趣和动力，提高学习效果。

（3）教师还可以引导学生利用网络资源进行拓展学习。通过网络上的语音教学资源、语音学习App等途径，学生可以自主进行语音拼读的练习和提高。同时，教师还可以通过网络平台与学生进行互动交流，及时解答学生的问题并提供指导。

（4）教师可以利用评价软件进行拼读评价。通过软件的数据分析功能，教师对整体学生的单词学习进行评估和反馈，发现学生的不足和错误，并进行有针对性的指导和纠正。同时，教师还可以引导学生自己通过软件的反馈功能，进行自我评估和反思，了解自己的发音情况及时纠正错误。

综上所述，在多技术融合环境下，小学英语单词自然拼读教学可以利用多种信息技术手段进行课前预习、课中吸收和课后拓展。通过互动合作、游戏化学习等方式激发学生的学习兴趣和动力。同时注重培养学生的自主学习能力和合作精神提高学生的英语素养和能力。

第三节　多技术融合环境让音标教学
变得更有生命力

一、音标教学与自然拼读法融合的必要性

　　小学阶段的英语教学一直受到教师和家长们的关注，如何打好小学英语的基础，这跟单词量的多少有关。记忆单词是小学英语教学的重点和难点。如果学生一味采取死记硬背的方法，记得快，忘得也快。长此以往，将会使学生失去学英语的兴趣。特别是新课标改革后，对小学英语教学的要求和标准有了很大的提升，要求小学生掌握的单词量也增多。针对这一变化，优化单词的教学，让学生掌握记忆单词方法，成为教师们首要解决的问题。目前，有很多小学英语教师都应用音标的教学法和自然拼读法相融合教学单词，使学生更加容易记忆单词，可以见词能拼读，听音能写单词。

　　音标是一种独立于英语字母之外的系统的语音符号，适合于以非英语为母语的国家的学生学习。学生通过音标符号，能够正确读出单词的音，对于双音节和多音节词更能把握单词的重音。自然拼读法是当今流行语音教学法，是以英语为母语国家的孩子初步学习英语语音最为基础的方式。它以英语26个字母作为首字母发音和字母组合在单词中的发音

规则作为基础，帮助学生见词能拼读，听音能写。

上述两种语音教学法，在实际的教学中，互不排斥，可以相互渗透和融合。这两种教学模式有各自的优势与不足，教师要根据不同阶段学生的发展特征，利用信息技术工具如"一起作业网"等作业App，可以有效地助力音标与自然拼读法的融合教学，提高小学英语单词教学的效果。

二、优势与不足

（一）国际音标的优势与不足

小学阶段是否教学国际音标？很多专家和教师都持不同的意见。国际音标有哪些优势与不足？结合实际的教学发现，国际音标教学法的优势具体表现为：①有助于学生掌握单词语音的准确性，特别是英语单词中的双音节词和多音节词，通过重音符号的标记，学生可以轻而易举地正确读出单词发音。②有助于提高学生的识记单词效率。在学生掌握英语的音标后，学生能看音标，拼出单词的发音，并且逐步归纳出音标符号与字母或者字母组合相对的规律，借助规律，大大提升了单词记忆的效率。③有助于培养学生的自主学习意识和阅读能力。掌握了国际音标以后，学生不仅可以利用音标正确地认读和识记单词，还有助于学生自学新单词，学生通过查字典，自学单词，大大提高学生阅读能力。这一教学方式的学习系统比较完整，对没有基础的初学者学习英语发音和识记单词有着很强的助推作用。然而，这一教学方式也存在一定的弊端。音标是在英语词汇系统之外形成辅助学习系统，主要针对没有基础的初学者。因为要学习国际音标的48个音素，对于没有基础的初学者来说，学习的负担加重，反而会影响英语学习的兴趣。

（二）自然拼读法的优势与不足

自然拼读法是以英语为母语国家的儿童学习英语语音的最佳方法，

这一教学模式引导学生掌握26个字母及字母组合在单词中的发音规则，了解字母与读音之间的联系，最终能看词、能拼读。这种教学法也是小学现阶段最流行的语音教学法。

自然拼读法的优势在于它易学易用，非常适合有英语学习环境的学生。自然拼读法讲究音形一致，整体学习难度较低，学生掌握程度较高。运用这一教学方式，学生只要掌握单词中字母及字母组合的发音，不需要进行深度的学习和掌握，就能够将英语单词快速准确地读出来，同时在掌握了字母和字母组合对应的发音规律后，还能够借助规律进行单词的拼写，在很大程度上提高了学生记忆单词的效率，进而提高了英语学习的成绩。学生通过自然拼读法，看词能拼读，也大大提高学生英语阅读能力，对学生英语学习能力长足发展有着非常积极的影响。

虽然这一教学法相较于其他教学方式更具优势，但是也存在着较为明显的弊端。首先，针对不规则读音的双音节词和多音节词，学生很难通过这一学习方式掌握正确的重音和次重音，学生的拼读准确率会大幅降低。其次，学生要大量掌握字母和字母组合的发音规则之后，才能提高单词拼读的准确率。这对于非英语为母语国家的学生，有一定的困难。

三、音标与自然拼读法的融合

（一）自然拼读法先行渗透

在小学阶段是否教音标的这个问题上，家长和老师都有比较多的争议。个别的学校在三年级已经开始教授。但是，三年级对于清远市清城区的英语教学现状来说，才刚刚起步，学生刚学习26个英文字母，第二学期才提倡背单词。第一学期单词方面的要求是会认，会读，会说。所以，如果在三年级的阶段教授音标的话，将会分散学生的注意力，将字母的书写和读音跟音标的相混淆，这会使得英语教学难度加大，反而影响学生学习英语兴趣的培养，效果会适得其反。结合我们学校的人教版英语教材的特点，在三年级教授单词过程中，会渗透自然拼读法。例如，三年级教授的"cat"这个单词，我们教学生用拆音法来学习，cc [k][k]，aa [æ][æ]，tt [t] [t]，cat [kæt]，慢慢渗透字母作为首字母发音的知识。同时利用学生喜而乐见的歌曲形式，让学生熟记字母作为首字母的发音知识。

（二）音标与自然拼读法逐步融合

随着年级的升高，学生的单词学习量越来越多。例如我校的PEP人教版英语，三年级要求掌握每个单元的单词量只占A4纸的四分之一，四年级则达到三分之一，五年级则达到了二分之一。随着年级的增长，要求掌握的双音节词和多音节词也逐渐多了起来。如果单靠自然拼读法，那就熟记很多规则，比如字母组合的发音规则，等等。这也无疑增加了学生的负担，学生也很难记得住。同时，随着年级的升高，要求掌握的句子也多了，对掌握句子的要求也越来越高。不但要会读，会认，会用，还要会写。这对学生记忆单词的量提出了更高的要求。为了能让学生记单词更省时间，更有效率。所以，在四年级我校开设了音标教学辅助的课程。从四年级开始，经过三年级的音标与自然拼读法的相互渗透，学生基本上掌握了利用语音来记忆单词。

以下是我们音标教学辅助材料的课堂使用策略。

（三）使用汉语拼音正迁移，学习音标，化难为易

我们在校本教材的第一页，回顾了48个音标，并且将48个音标与汉语拼音进行对照，有效利用汉语拼音的正迁移作用，让学生快速掌握音标的发音。小学一年级已掌握汉语拼音，我国的汉语拼音中的声母和英语中的很多辅音发音相似，教师可以利用这一关联对英语音标教学进行

深化。同时，我们参考了汉语的拼音排序，把48个音标分解到15课时当中。辅助材料安排见表3-3-1。

表3-3-1

课时	内容
Lesson 1	英语国际音标表（与汉语拼音对照）
Lesson 2	辅音[b][p][m][f][d][t][n][l][g][k][h][s][z]　元音 [ɑ：]
Lesson 3	辅音：[w] [ʃ] [ʒ]　元音：[ɑ：] [ɔ：] [ə：] [i：] [u：]
Lesson 4	辅音[r]
Lesson 5	元音：[ʌ] [ɔ] [ə] [ɪ] [u]　长元音：[ɑ：] [ɔ：] [ə：] [i：] [u：]
Lesson 6	练习：[pʌt] [spʌt] [mɔf] [smɔf] [smɔft] [tʌn] [stʌn] [rɔ：g] [brɔg] [prɔg] [sprɔg] [ʃut] [ʒʌn] [blɪm] [plut] [splut] [ɪl] [sɪl]
Lesson 7	辅音[θ][ð][j]
Lesson 8	元音[æ] [e]　双元音[ɑɪ] [ei] [ɔi]
Lesson 9	音标复习：已学过的音标
Lesson 10	辅音：[ŋ] [dʒ] [ʧ]
Lesson 11	辅音：[dz] [ts] [v]
Lesson 12	元音：[au] [əu][ɛə] [ɪə] [uə]
Lesson 13	辅音：[dr] [tr]
Lesson 14	一、音节的划分：1.单音节词　2.双音节词　3.多音节词 二、单词的重音
Lesson 15	一、双重音　二、次重音　三、连读
Lesson 16	一、[l]或[n]组成一个音节的问题　二、自测题

（四）紧密结合人教版教材，总结规律，相互融合

语音教学过程中，结合PEP教材每个年级的要求掌握的四会单词，总结字母和字母组合的发音规律，将音标的教学和自然拼读法进行融合。例如：辅助教材中Lesson 8教授[ei][ɑɪ]这音标时，先让学生会读，然后进行拼法练习，[pei][peint][ɑɪik] [lɑɪt][mɑɪn]等等。最后把含有[ɑɪ]

[ei]发音的学过的四会单词进行归类，引导学生发现a在开音节的时候发[ei]，字母组合ay也发[ei]等等。我们切合学生的实际，把人教版教材中含有[ei]发音的单词按年级归类，安排在"课内过关"环节中，让学生通过看音标，想规则，进行拼读单词，或者通过单词的形根据自然拼读法的规则来猜单词的发音，两种语音方法在教学材料上得到了有机融合。以下辅助材料Lesson 8内容为例。

第八课　Lesson Eight

一、音标学习

元音[æ] [e]　双元音[ɑɪ] [ei] [ɔɪ]

二、音标练习

[bed] [best] [bæd] [bæt] [bɑɪd] [bɑɪt][beid]

[beit] [bɔɪd] [bɔɪt] [red]]pred] [spred] [spræd] [spɑɪd]

[spreid] [sprɔɪd] [bɑɪin] [bein] [bɑɪɪnd] [blɑɪnd]

（1）小结：字母e在闭音节中常发[e]

例词：get bet best lend red fresh pen egg ken men rest west well smell

（2）小结：字母a在闭音节中常发[æ]

例词：black grand lamp hand flash crash stand bad cat mad land

（3）小结：字母i/y；在字母组合igh常发[ɑɪ]

例词：bike line shine mike mine fine find mind kind cry by why shy bright light flight night might

（4）小结：字母a（在开音节中）；字母组合ay/ai常发 [ei]

例词：late fate same wake place plate plane grade date face skate game name cake take pay play may gray stay day way pain rain gain

（5）小结：字母组合oy，oi常发 [ɔɪ]

例词：toy point noise boy coin oil soil

三、实际操练

四年级课内过关：

light [laɪt]灯，电灯

all right [rɑɪt]好吧、好的

have a look [hæv]看一看

teacher's desk [desk]讲台

look at [æt]看

math [mæθ]数学

fat [fæt]胖的

heavy [hevɪ]重的

pencil-case [keɪs]铅笔盒

quiet ['kwaɪət]安静的

name [neim]名字

computer game [geim]电脑游戏

boy [bɔɪ]男孩

shelf [ʃelf]书架

they're=they are

wait [weit]等

grape [greip]葡萄

play [plei]玩

rain [rein]雨

helpful ['helpful]有帮助的

have [hæv]有、吃

rice [raɪs]米饭

classmate [klɑːsmeit]同学

many [menɪ]许多的

fan [fæn] 扇子、电扇

may [mei]可以

bag [bæg]书包

pen [pen]钢笔

twenty-one ['twentɪ] [wnn]二十一

too many ['menɪ]太多了

science ['saɪəns]科学

has [hæz]（她、他）有

right [rɑɪt]对的、正确的

hey [hei]嘿

bed [bed]床

desk [desk]课桌、书桌

Wednesday ['wenzdɪ]周三

eggplant ['egplɑːnt]茄子

fresh [freʃ]新鲜的

why [waɪ]为什么

May [mei]五月

date [deiɪt]日期

can't [kænt]不能

flat [flæt]公寓

sky [skaɪ]天空

play[plei]打、玩

set[set]摆放

tell[tel]告诉、说

kind[kaɪnd]和蔼的

wait[weit]等待

at[æt]在

send[send]寄、发达

best[best]最好

plant[plænt]种植

next[nekst]紧邻

tell[tel]告诉

else[els]另外

pen[pen]钢笔

collect[kə'lekt]收集

plant[plænt]植物

stand[stænd]站立

bike[baɪk]自行车

right[raɪt]右边

find[faɪd]找到

design[di'zaɪn]设计

high[haɪ]高的

same[seɪm]相同的

take [teik]拿走；乘坐；拍照

like [laɪk]像；喜欢

day [dei]天、日子

menu['menjuː]菜单

end[end]末尾

tash[træʃ]垃圾

behind[bɪ'haɪd]在……后面

they[ðei]他（她，它）们

get[get]得到；到达

then[ðen]那么

ant[ænt]蚂蚁

left[left]左边

west[west]西

well[wel]好

pet[pet]宠物

help[help]帮助

magazine[mægə'ziːn]杂志

stamp[stæmp]邮票

by[baɪ]乘……

buy[baɪ]买

side[saɪd]边

tonight[tə'naɪt]今晚

kite[kaɪt]风筝

plane[plein]飞机

wake[weɪk]唤醒

way[weɪ]路

soil [sɔɪl]土壤

than[ðən]与……比较

size[saɪz]尺寸

stay[steɪ]停留

might[maɪt]可以、能

tired ['taɪəd]疲劳的、累的

happy['hæpi]高兴的

sad[sæd]悲伤

test[test]测试

play[pleɪ]玩

hiking['haɪkiŋ] 郊游

fly[flaɪ]飞

and [ænd]和

dance[dæns] 跳舞

relax[rɪ'læks]放松

vapour['veɪpə]蒸汽

enjoy[ɪn'dʒɔɪ]获得乐趣

kilogram['kɪləugræm] 公斤

heavier['hevɪə]更重的

whale[weɪl]鲸

excited[ik'saɪtɪd]兴奋的

fail[feɪl]不及格的、失败

angry['æŋgri]生气的

match[mætʃ]比赛

game[geɪm] 游戏

went[went]go的过去式

read[red]read的过去式

yesterday['jestədeɪ]昨天

Chinese[tʃaɪ'niːz]中文、汉语

climb[klaɪm]爬

ice-skating['aɪs'skeɪtɪŋ]滑冰

四、循环巩固

get[get]得到（*vt.*）

let[let]让（*vt.*）

set[set]安装（*vt.*）

wet[wet]湿的（*a.*）

bed [bed]床（*n.*）

red[red]红的（*a.*）

man[mæn]男人（*n.*）

men[men]（man的复数）

at[æt]在……点上（prep）

cat[kæt]猫（*n.*）

hat[hæt]帽子（*n.*）

fat[fæt]肥胖的（*a.*）

bad[bæd]坏的（*a.*）

sad[sæd]不愉快的（*a.*）

dad[dæd] 爸爸（*n.*）

had[hæd]有（*vt.*）

pen[pen]钢笔（n.）

ten[ten]十（num.）

then[ðen]然后（adv.）

when[wen]什么时候（adv.）

back[bæk]返回（adv.）

black[blæk]黑色的（a.）

and[ænd]和（conj.）

grand[grænd]大的（a.）

hand[hænd]手（n.）

land[lænd]陆地（n.）

stand[stænd]站立（vi.）

> 双元音发音要领：由左面音标对应的长元音滑向右面的元音

元音 [e]：前、半高、不圆唇、短元音

（1）舌尖抵下齿，舌前部稍抬起，比[i:]低。

（2）唇形正常，牙床开得比[i:]宽，上下齿间可容纳一个食指。

[e]　[e]　[e]　[e]

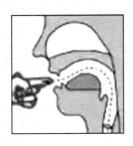

元音[æ]：前、低、不圆唇、短元音

（1）舌尖抵下齿。

（2）双唇向两旁平伸，成扁平形；张开牙床直至上下齿之间可以容纳食指和中指的宽度。

[æ]　[æ]　[æ]　[æ]

[æt]　[æd]　[mæn]　[mæm]

[bæd]，　[dæd]，　[mæp]，　[næp]

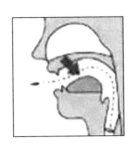

小结：在闭音节中，元音字母a，e，i（y用作元音字母时与i发音相同）o，u分别发：a→[æ] e→[e] i→[ɪ] o→[ɔ] u→[ʌ]

（五）经过三年反复渗透，巩固提升，提升能力

虽然让学生会读会认48个音标，短时间可以做得到。但是，毕竟单词的拼读和单词的记忆不是一蹴而就的。我们教授语音记忆法目标就是让学生会读单词，记单词更容易。所以在四、五、六年级的英语单词和阅读教学中，我们还是一如既往地将音标教学和自然拼读法融合在单词教学中。只有长期地渗透和巩固，学生才学得牢固，才会应用自如。例如在五年级第一单元"What's he like？"的第二课时Let's learn教学中，要求学生掌握young，old，strict，kind等四会词。其中"old"因为首字母o不符合自然拼读法的规律，我们直接教学生o[əu]，l[l]，d[d]，old[əuld]，直接将音标的符号和字母相对应起来，这样学生更加容易拼读，进一步起到加强记忆词形的作用。另外，在教授kind这个单词，通过mind，behind来渗透自然拼读法的规则，i在-nd中一般读[ai]，迁移到kind[kaind]。由于自然拼读法的规则比较多，我们不可能一下子让学生记住。在教授不按读音规则的单词，还有双音节词和多音节词的时候，我们还是标示出音标，让学生更容易把握单词的轻重音，更容易拼出单词的音，更容易根据单词的音联想到单词的形。在三至六年级教学中，教师坚持不断渗透，让学生在新单词的学习中巩固音标，更加理解自然拼读法的规则，继而能用语音的知识去实践，从而提高自学新单词的能力，让学生通过运用自然拼读法的规则和音标的知识，从而达到听音能写单词的能力。那么记忆单词的这个难点，就会慢慢攻破，因单词阻碍了阅读的理解问题，也迎刃而解，学生在今后的英语学习的道路上更加通畅。

四、借用信息技术巩固融合成效

信息技术在教育领域中的应用已经越来越广泛，例如教育App、公众号平台、微信交流平台、微信小程序等，它们能够提供丰富的教育资源和创新的教与学方式。针对音标教学法与自然拼读法融合可以提供以下赋能：

（1）利用语音识别技术，如"一起作业网"等，学生可以听到字母和字母组合的标准发音，并通过模仿和练习来提高发音的准确性。利用百度翻译等App语音合成技术则可以将学生拼读的单词转换成文字，使他们更容易掌握单词的拼写。

（2）利用多媒体资源：利用学校微信公众号，教师可以整合各种学习资源放到公众号平台上，将多媒体资源，如动画、视频、音频等，将音标知识生动形象地呈现出来，帮助学生更好地理解和记忆。例如，可以发送一些音标发音的动画资源给学生，让学生更加直观地了解每个音标的发音方法和发音部位。为学生提供有趣的学习体验，进行自主学习。

（3）利用音标学习小程序：针对音标学习的特点，利用音标学习程序，提供音标发音、单词拼读等功能，让学生随时随地进行音标学习。

（4）利用一些交流平台，录制读音标的音频或者范读的视频，交流学习经验、互相监督学习。通过社区的互动和交流，教师可以更好地了解学生的学习情况，提供更有针对性的指导和建议。

（5）利用"一起作业网"等App评估：通过数据后台的分析帮助教师快速准确地识别学生的单词读音问题，方便收集学生的语音样本、拼读记录等数据，并进行数据评估和反馈，帮助教师和学生及时纠正错误，提高拼读的准确率，并提供相应的纠正建议。

第 四 章

多技术融合环境下小学英语
教师教研的变革

第一节　多技术融合环境下小学英语教师教研的机遇与挑战

随着科技的飞速发展，"互联网+教育"逐渐成为教育领域的新常态。多技术融合环境为小学英语教师的教研活动提供了新的思路和方法，使得教师能够更高效地提升自身专业素养，进而提高教学质量。本节将深入探讨多技术融合环境下小学英语教师教研变革的必要性和实施策略。

一、技术发展带来的资源丰富性

在传统的教研模式下，教师通常需要花费大量的时间和精力去寻找合适的资源，而这些资源往往有限，难以满足多样化的教学需求。然而，随着技术的发展，互联网上出现了许多免费的信息技术软件和平台，为小学英语教师的教研活动提供了海量的资源和便利的条件。

首先，技术的发展使得资源的获取更加便捷。教师可以通过互联网上的信息技术软件和平台，如"希沃白板5""国家中小学智慧教育平台"等，获取到大量的免费资源和课件。这些资源和课件来自全国各地的优秀教师和教育专家，涵盖了不同版本教材的内容，为教师提供了丰富的教学素材和参考资料。

其次，技术的发展使得资源的修改更加灵活。教师可以通过信息技术软件和平台，根据自己的实际需求和教学情况，对获取的资源和课件进行修改和调整。这种灵活性使得教师可以更好地满足学生的学习需求，提高教学效果。

最后，技术的发展使得资源的交流和分享更加方便。教师可以通过个人空间和账号，将获取和修改后的资源进行存储和分享。其他教师也可以通过登录账号，查看和下载这些资源，促进了教师之间的交流和合作。

总而言之，技术的发展带来资源丰富性，为小学英语教师的教研方式带来了巨大的变革。教师可以通过信息技术软件和平台，快速获取、灵活修改和方便分享教学资源，提高了工作效率和教学效果。同时，这种变革也促进了教师之间的交流和合作，为小学英语教师的专业成长提供了有力支持。

二、传统教研方式的局限性

传统的教师教研方式在当下与多技术融合环境下的教研对比，确实存在一些局限性，具体表现在以下几个方面。

（一）技术应用能力有限

在传统的教研方式中，教师对于信息技术的应用可能不够熟悉，缺乏有效的培训和实践机会。这导致他们在教学中难以充分利用技术的优势，提高教学效果。

（二）资源获取和分享不便

在传统的教研方式下，教师获取和分享教学资源的方式较为有限，主要依赖于教材、教辅书籍、光盘等以及有限的在线资源。这种方式的资源量相对较小，而且更新速度较慢，难以满足现代教育的快速变化需求。

（三）互动与合作有限

在传统的教研方式下，教师之间的互动和合作主要依赖于面对面的会议或者电话沟通。这种方式在时间和空间上都受到较大的限制，不利于及时分享教学经验和教学方法，也难以形成有效的团队协作。

（四）教学方法创新不足

在传统的教研方式下，教师进行教学创新的空间有限，往往只能依赖于个人的教学经验和传统的教学理念。这种方式难以激发教师的教学创新精神，也难以满足学生多样化的学习需求。

综上所述，传统的教师教研方式在多技术融合环境下存在技术应用能力有限、资源获取和分享不便、互动与合作有限、反馈与评估机制不完善以及教学方法创新不足等局限性。为了适应现代教育的发展需求，有必要对传统的教研方式进行改革和创新。

三、教师技术应用能力的挑战与机遇

（1）在多种信息技术融合的环境下，教师的教研发生了变革，同时教师的信息技术应用能力面临着一些挑战。

技术更新速度：随着信息技术的迅速发展，新的工具和平台不断涌现，要求教师不断更新自己的技术知识和技能。

整合多种技术的能力：教师需要具备整合多种信息技术的能力，能够将不同的技术工具有效地运用到教学中。

处理大量信息的能力：在信息爆炸的时代，教师需要具备筛选、过滤和整合信息的能力，以应对大量信息的涌入。

保持网络安全意识：随着在线教学的普及，教师需要了解网络安全知识，确保在线教学的安全性和隐私性。

（2）同时，当今"互联网+教育"多技术融合为小学英语教师的教研活动提供了新机遇。

丰富的教学资源：互联网提供了大量的教学资源，教师可以利用这些资源进行备课、教学和评估。

创新教学方法：信息技术为教师提供了更多的教学方法，例如在线协作学习、虚拟现实教学等。

个性化教学：利用信息技术工具，教师可以更好地了解学生的学习需求和状况，为学生提供个性化的学习体验。

专业发展机会：信息技术也为教师的专业发展提供了更多机会，例如参加在线培训、研讨会等。

增强跨文化交流：利用信息技术工具，教师可以更方便地与世界各地的同行和学生进行交流和合作。

综上所述，虽然多技术融合环境给小学英语教师的技术应用能力带来了挑战，但也为教师的专业发展提供了更多机遇。教师应该积极应对挑战，抓住机遇，不断提升自己的技术应用能力和专业素养。

第二节 多技术融合环境下小学英语
教师的创新教研方式与实践

一、"希沃信鸽"平台在教研中的应用

(一)将备课资源共享

在"希沃信鸽"平台上,教师集体备课与资源共享具有重要作用,以下是具体的策略。

1.资源上传与整理

教师可以把需要集体备课的教学课件、教案等资源上传到学校的"希沃信鸽"平台。这些资源可以是教师自己的创作,也可以是来自互联网或其他资源的获取。同时,教师应对这些资源进行分类和整理,以便于其他教师查找和使用。

2.在线协作与批注

通过"希沃信鸽"平台,教师可以邀请其他科组老师一同对上传的课件进行批注、讨论和备注,共同完善备课内容。这种在线协作的方式可以大大提高备课效率,同时也能够增强教师之间的交流与合作。

3.个性化修改与完善

在集体备课的基础上,教师可以根据自己的教学需求和学生的实际

情况，对共享的课件进行个性化修改和完善。这样既能够保证教学资源的品质，又能够满足不同教师的个性化需求。

4.实时反馈与评价

通过"希沃信鸽"平台的实时反馈功能，教师可以对其他教师的备课内容进行及时评价和反馈。这种及时的交流可以帮助教师发现和改进问题，促进教学质量的提升。

5.资源共享与利用

"希沃信鸽"平台为教师提供了一个资源共享的平台。教师可以利用这个平台与其他教师共享自己的教学资源，同时也可以获取他人的教学资源。这种资源共享的方式可以大大提高教学效率，减轻教师的备课负担。

6.整理与归档

在集体备课和资源共享的过程中，教师应对所使用的资源进行整理和归档。这样既可以方便以后的使用，也可以为学校的教学资源库积累宝贵的教学资料。

7.定期更新与维护

为了确保资源的时效性和准确性，教师应定期更新和维护上传的资源。对于过时或存在错误的内容，教师应及时进行修正和改进。

综上所述，使用"希沃信鸽"平台在教师集体备课与资源共享方面具有重要作用。通过这个平台，教师可以更加高效地进行集体备课、资源共享和交流合作，提高教育教学水平，促进专业发展。

（二）实施线上线下相结合

在多技术融合环境下，要实现线上集体备课和线下上课的无缝对接，以提高小学英语教师的教研能力，可以考虑以下几个方面。

1.技术整合与培训

确保教师具备足够的技术能力是实现线上线下融合教研的基础。学校可以为教师提供技术培训，例如如何使用"希沃信鸽"系统、"希沃白板5"等工具。这种培训应注重实用性，确保教师能够快速上手并在实际教学中运用。

2.线上集体备课

利用"希沃信鸽"系统，教师可以进行线上集体备课。这不仅突破了时间和空间的限制，还提高了备课的效率和资源共享的程度。通过集思广益，教师可以共同完善课件和教学设计，提高教学质量。

3.线下上课与线上资源结合

在上课环节，教师可以使用在"希沃信鸽"平台上集体备课的课件。这些课件储存在教师的希沃账号云空间上，只需在教室里登录"希沃白板5"进行扫码登录，即可轻松打开并使用课件进行教学。这种结合方式简化了课前准备过程，使教师能够更加专注于课堂教学。

4.实时反馈与评课

课后，教师可以发出一个评课邀请码，让听课老师扫码进行评课。这种线上评课方式能够及时收集多位教师的意见和建议，帮助教师更好地反思和改进教学方法。评课的数据还可以自动进行分析报告，为教师提供更加直观和具体的教学反馈。

5.持续交流与合作

线上集体备课和线下上课的无缝对接需要教师之间持续的交流与合作。这可以是通过线上平台进行讨论、分享教学心得和经验，以及参加专业发展活动等方式。这种持续的合作与交流有助于教师共同成长，提高整体教学水平。

6.制度保障与激励

学校应制订相应的制度，鼓励和支持教师进行线上集体备课和线下上课的无缝对接。这可以包括奖励机制、定期检查和评估等措施。同时，也可以通过举办教学竞赛等方式激励教师积极参与教研活动。

综上所述，通过多技术融合环境下的线上集体备课和线下上课的无缝对接，小学英语教师可以提高自己的教研能力。这不仅有助于提高教学质量和学生的学习效果，还能促进教师之间的合作与共同成长。

（三）教师的评课反馈与教学改进的实施追踪所产生的变革

1.评课反馈的即时性与便捷性

利用线上平台，听课教师能够即时提交评课表，避免了传统纸质评课方式的烦琐和延时。同时，通过扫描二维码进行评课，简化了操作流程，提高了评课反馈的效率和便捷性。

2.数据驱动的精细化分析

借助"希沃信鸽"等工具，可以收集大量的评课数据，并进行深入的精细化分析。通过分析教师课堂表现、学生小组合作交流等各方面的数据，可以更加精准地发现教学中的问题，为教学改进提供有力支持。

3.个性化与定制化的教学改进建议

基于数据分析结果，可以为教师提供个性化与定制化的教学改进建议。这些建议紧密结合教师的实际教学情况，更具针对性和实用性，有助于教师找到适合自己的教学改进路径。

4.实施追踪的持续性与动态性

在信息技术融合环境下，可以对教师的教学改进实施过程进行持续的追踪和动态监测。通过定期检查改进计划的执行情况，可以及时调整和优化教学改进方案，确保教学改进工作的持续推进。

5.跨时空的交流与合作

利用线上平台，教师可以随时随地进行评课反馈和交流。这打破了传统教研的时空限制，促进了教师之间的跨时空合作与共同成长。同时，也为教师提供了更多获取教学经验和专业支持的机会。

6.激励与评价机制的变革

在信息技术融合环境下，传统的以结果为导向的激励与评价机制逐渐向过程和结果并重的方向转变。通过收集和分析评课数据，可以更加全面地评价教师的教学能力和专业发展水平，为激励机制的制订提供更加科学和客观的依据。

综上所述，多种信息技术融合环境下对教师的评课反馈与教学改进的实施追踪带来了诸多变革。这些变革为教师提供了更加便捷、精准和个性化的教研支持，有助于提高教师的教学水平和专业发展能力。同时，也推动了学校教研工作的数字化转型和升级。

二、"爱种子"项目的教学模式创新

（一）实施以学生为中心的教学理念

在缺乏即时反馈数据分析系统和每人一台的学习终端或应答器的情况下，要实施"爱种子"模式下的以学生为中心的教学理念，可以有以下策略。

（1）结合线上和线下教学利用智慧云平台和粤教翔云等资源，引导学生进行线上学习、互动和作业。通过线上和线下相结合的方式，为学生提供更为丰富的学习体验。

（2）利用一体机、互联网资源和希沃软件等工具，为学生提供丰富的学习资源、创设情境，引导学生主动参与课堂活动，培养其独立思考和解决问题的能力。

（3）小组合作学习：通过在课堂上，或者利用智慧云平台将学生分成线下线上小组进行合作学习，共同完成任务或解决问题。通过小组内的互动与合作，培养学生的团队协作能力和沟通能力。

（4）个性化教学：关注学生的个体差异，根据学生的不同需求和学习风格，设计个性化的教学方案。利用一体机和希沃软件等工具，为学生提供符合其需求的资源和活动，比如一些课件或者微课资源。

（5）鼓励学生表达：在课堂上鼓励可以分小组汇报本组的观点和想法，培养其语言表达和逻辑思维能力。利用一体机或希沃软件的互动功能，组织学生或者小组进行游戏比赛等活动。

（6）评价与反馈：及时给予学生评价和反馈，鼓励学生自我评价和同伴互评。利用一体机或其他工具，记录学生的学习过程和成果，生成数据，平台为其提供有针对性的指导和建议。

（二）多种信息技术与学习共同体的学习模式的融合策略

在"互联网+""希沃一体机""希沃白板5""班级优化大师""粤教翔云平台""国家中小学智慧教育平台"等多种资源平台和软件的加持下，多种信息技术与学习共同体的学习模式融合，才能够很好地发挥共同体的作用，促进学生的自主合作，有以下可以参考的策略。

1.利用"希沃一体机"进行互动教学

"希沃一体机"支持多种互动功能，如屏幕共享、实时讨论等。在英语课堂上，可以利用这些功能引导学生进行小组讨论，或者进行即时的词汇和语法互动练习。

2.利用"希沃白板5"制作互动课件

"希沃白板5"提供了丰富的英语教学模板和素材，教师可以根据课程内容制作互动课件，如填空题、选择题等，在课堂上进行自我检测，让学生以小组方式汇报，提高他们的学习兴趣和积极性。

3.利用"班级优化大师"进行分组学习

"爱种子"模式强调小组合作学习,"班级优化大师"可以方便地进行学生分组,教师可以根据学生的英语水平、性格等特点进行合理搭配,促进学习共同体的形成,同时可以对小组进行点评。

4.实施多元化的评价策略

在"爱种子"模式下,评价不再是单一的考试成绩,而是贯穿于整个学习过程。利用"班级优化大师"等工具,对学生的学习态度、合作精神、创新能力等多方面进行评价,激励学生全面发展。

5.定期组织学习交流活动

为了促进学习共同体的交流和合作,教师可以定期组织学习交流活动,让学生分享自己的学习心得和体会,提高他们的语言表达能力和合作精神。

6.利用数据反馈调整教学策略

通过分析学生使用各种软件平台的数据反馈,教师可以了解学生的学习状况和问题,从而调整教学策略和方法,提高教学效果。

综上所述,学习共同体是一个综合性的教学策略,需要教师结合多种软件平台和资源进行全面的引导和支持。通过这样的教学模式,可以提高学生的英语学习效果和综合素质。

(三)高效实施"爱种子"模式的课堂教学

目前,学校普遍都有一体机,具备了一些国家教学资源平台或者省的一些免费平台,比如"国家中小学智慧教育平台"或者"粤教翔云平台""希沃白板5""班级优化大师"或者是"一起作业网"等一些免费App。教师可以利用这些工具和平台,高效实施"爱种子"模式的课堂教学。

1.利用网络资源

教师可以利用网络上的各种资源，包括视频、音频、图片等，来丰富教学内容，并让学生通过网络进行自主学习和探究。

2.利用"希沃白板5"和"希沃一体机"

这些工具可以帮助教师制作互动式课件，让学生在课堂上进行互动学习和小组讨论，提高学生的学习兴趣和参与度。

3.利用"班级优化大师"

教师可以利用这款软件对班级进行管理，对学生的学习表现进行评估和记录，及时反馈学生的学习情况。

4.利用"国家中小学智慧教育平台"和"粤教翔云数字教材应用平台"

这些平台提供了丰富的教学资源和工具，教师可以利用这些平台进行在线教学、作业布置、考试管理等方面的工作。

5.利用"一起作业网"

这款网站提供了各种学科的在线作业，教师可以布置作业，让学生在线完成并提交，教师可以通过网站进行批改和反馈。

总的来说，要想高效实施"爱种子"模式的课堂教学，教师需要结合现有的工具和平台，制订合理的教学计划和方案，注重学生的自主学习和探究，及时反馈学生的学习情况，并不断调整和改进教学方法，提高教学效果。

三、学科特色听课评课体系的建立与实施

（一）多技术融合环境下，一堂好的小学英语课，需要具备的条件

1.教学目标明确

教学目标应该明确、具体，符合学生的年龄和认知水平，能够引导

学生逐步掌握英语知识和技能。

2.教学内容丰富

教学内容应该具有趣味性和实用性，能够吸引学生的注意力，激发他们的学习兴趣。同时，教学内容应该与学生的实际生活相关联，有助于学生理解和应用英语。

3.教学资源利用

教师应该充分利用多种教学资源，如教材、教具、多媒体等，提高教学效果。同时，教师还应该积极开发适合学生的教学资源，丰富学生的学习内容。

4.教学内容与技术融合

教师在教学中运用各种技术的熟练度和创新性，将教学内容与所使用的技术进行有效整合，通过技术手段增强学生的学习体验和效果。

5.评价方式多元

评价方式应该多元化，注重过程评价和表现评价，利用评价软件，教师可以更准确地评价学生的参与度和互动情况，从而判断教学策略的有效性。

6.课堂氛围愉悦

教师需要关注学生的情感需求，课堂氛围应该愉悦、轻松，能够让学生在愉快的氛围中学习英语。利用技术手段为学生创造一个良好的学习环境。

7.教师信息技术能力

教师的信息技术应用能力，如课件制作、在线教学等，也是评价标准之一。

综上所述，要评价一堂好的小学英语课，需要综合考虑教学目标、教学内容、教学方法、课堂氛围、口语表达、评价方式、教学资源和教师素质等多个方面。只有具备这些条件的英语课才能真正实现教学目标，提高学生的英语水平。

（二）发挥技术优势，提升教学水平

如何在多技术融合的条件下，充分发挥有限的信息技术优势，提升教师的教学教研水平，规范和创新听课评课流程，可以有以下的策略。

1.建立听课评课制度

学校要制订相应的听课评课制度，明确听课评课的标准和流程，让教师们清楚自己的责任和义务。

2.创新听课方式

除了传统的现场听课方式，还可以尝试在线听课、远程听课等新型听课方式，以便于对不同地区的教师进行听课评课，同时也能够更好地记录和分析数据。

3.完善评课标准

制订科学、全面的评课标准，包括教学内容、教学方法、课堂氛围、学生参与度等多个方面，让评课更加客观、公正。

4.强化数据收集和分析

通过"希沃信鸽"等信息技术手段，收集大量的听课评课数据，进行深入的分析和挖掘，找出教学中存在的问题和不足，为改进教学提供有力的支持。

5.鼓励教师自我反思和改进

听课评课的目的不是为了评价教师的优劣，而是为了促进教师的成长和提高。因此，应该鼓励教师进行自我反思和改进，根据听课评课的结果，找出自己的不足之处，积极探索适合自己的教学方式和方法。

6.加强沟通和合作

利用互联网教师教研空间平台上，进行上传共享自己反思和点评，鼓励教师之间进行深入的交流和合作，共同探讨如何更好地进行小学英语的教学，分享彼此的教学经验和教学方法，共同提高教学水平。

通过以上措施，可以在规范和创新小学英语听课评课方面取得较好的效果，促进教师的专业成长和教学水平的提高，从而更好地服务于学生的发展需求。

（三）小学英语学科团队的建设和实践策略

基于互联网的多种信息技术手段，小学英语学科团队的建设和实践有以下策略。

1.建立线上集体备课平台

利用钉钉、微信、"希沃信鸽"或者基于区域教师发展中心的教研平台等，建立线上集体备课平台，让教师们可以实时在线协助和修改教学设计、课件、共同探讨教学内容、教学方法等，提高备课效率和教学质量。

2.制订备课流程和规范

制订明确的线上线下的备课流程和规范，包括个人初备、集体研讨、形成教案、课后反思等环节，让教师们清楚自己的责任和任务，保证备课的质量和效果。

3.强化线上评课和反馈

利用线上评课平台，对教师的授课进行实时评价和反馈，让教师们能够及时了解自己的不足之处，并进行改进。同时，也可以通过数据分析和挖掘，找出教学中存在的问题和改进点。

4.建立教学资源共享机制

鼓励教师们将自己的教学资源进行共享，以便于团队内的其他教师使用。例如通过"希沃信鸽"创立学校校本或区域资源，可以进行资源共享，可以减少重复劳动，提高教学效率。

5.加强团队沟通和合作

建立有效的沟通机制和合作模式，让教师们可以通过线上或者线下融合，随时交流教学心得和经验，共同探讨教学中遇到的问题和解决方案。同时，也可以组织线下活动，增强团队凝聚力。

6.注重教师培训和发展

定期组织教师培训和发展活动，提高教师的信息应用能力、学科专业素养和教学能力。同时，也可以邀请专家学者进行线上线下的授课和指导，为教师提供更广阔的学习和发展机会。

通过以上策略，可以有效地加强小学英语学科团队的建设和实践，提高教师的教学水平和教学质量，从而更好地服务于学生的发展需求。

第三节　多技术融合环境下小学英语教师教研变革的影响与展望

一、教师专业成长与学生英语学习的成效分析

在多种信息技术融合的环境下，小学英语教师的专业成长与学生英语学习的成效之间存在密切关系。

首先，信息技术的融入为小学英语教学提供了更多可能性。教师可以利用多媒体、网络和移动设备等工具，丰富教学内容和形式，提高学生的学习兴趣和参与度。同时，信息技术也为教师提供了更多的教学资源和学习平台，有助于教师不断更新和提升自己的专业知识和教学能力。

其次，教师的专业成长对学生英语学习成效具有重要影响。教师的专业水平和教学能力直接影响着学生的学习效果。在信息技术环境下，教师需要不断学习和掌握新的教学方法和技巧，以适应学生发展的需要。同时，教师还需要关注学生的学习状况，及时调整教学策略，帮助学生解决学习中遇到的问题，促进学生英语学习的进步和发展。

最后，学生英语学习的成效也反作用于教师的专业成长。学生的学习表现和成绩可以反映出教师的教学效果和存在问题，从而促使教师不

断反思和改进自己的教学方法和策略。同时，学生的反馈和建议也为教师提供了更多了解学生需求和意见的机会，有助于教师进一步完善自己的教学方案和计划。

因此，在信息技术融合的环境下，小学英语教师的专业成长与学生英语学习的成效是相互促进、相辅相成的。为了更好地提高小学英语教学的质量和效果，需要不断加强教师的专业培训和发展，同时也需要关注学生的学习需求和反馈，共同推动小学英语教学的进步和发展。

二、学校科组教研水平的整体提升与社会影响

在多种技术融合环境下，利用教研平台进行磨课、听课、集体备课、评课等线上线下相结合的方式，可以有效提升小学英语科组的教研水平，并产生一定的社会影响。

首先，这种教研方式可以促进教师之间的合作与交流。在传统的教研模式下，教师通常只能在自己学校内部进行交流，而利用教研平台，教师可以跨越学校、地区甚至省市的限制，与更多的同行进行交流与合作。这有助于教师们互相学习、互相启发，共同提高教学水平和教研能力。

其次，这种教研方式可以提升教师的教学水平和能力。通过听课、评课、集体备课等方式，教师可以深入了解他人的教学经验和教学方法，并结合自己的实际情况进行反思和改进。同时，线上线下的结合也可以让教师更好地掌握信息技术在教学中的应用，提高教师的数字化教学能力。

再次，这种教研方式可以促进小学英语学科的发展。通过集体备课、磨课等方式，教师可以共同探讨小学英语学科的教学特点和规律，研究适合小学生的教学方法和策略，推动小学英语学科的进步和发展。

最后，这种教研方式还可以产生一定的社会影响。通过与更多的

同行进行交流与合作，教师的教研成果可以更好地推广和应用到更广泛的教育领域中，从而提高整个地区，乃至全国的小学英语教学水平和质量。同时，教师也可以通过与其他社会力量的合作，将教研成果转化为实际的教育生产力，推动教育的改革和发展。

综上所述，在多种技术融合环境下，利用教研平台进行线上线下相结合的教研方式，可以有效提升小学英语科组的教研水平，促进教师之间的合作与交流，提升教师的教学水平和能力，促进小学英语学科的发展，并产生一定的社会影响。

三、多技术融合环境下小学英语教师教研的未来发展趋势与展望

在多种信息技术手段融合的环境下，小学英语教师教研的未来发展趋势可能会呈现出以下特点。

（1）智能化、数据化的教研管理：随着人工智能、大数据等技术的发展，未来的教研将更加依赖于智能化、数据化的管理。通过收集和分析大量的教学数据，教师可以更加精准地了解学生的学习状况和需求，从而制订更加有针对性的教学计划和方案。同时，智能化、数据化的教研管理也可以提高教学评价的准确性和客观性，帮助教师更好地反思和改进自己的教学方法和策略。

（2）多元化的教研形式：未来的教研形式将更加多元化，线上线下的结合将更加紧密。除了传统的教研形式，如听课、评课、集体备课等，线上教研，如远程视频授课、在线直播互动、虚拟教研等也将成为主流。此外，随着社交媒体和移动互联网的发展，教师可以通过微信群、QQ群等社交平台进行实时互动和交流，形成更加灵活和便捷的教研模式。

（3）个性化、定制化的教学服务：在信息技术环境下，学生的学习需求和个性特点将得到更加充分的关注。未来的教研将更加注重个性化、定制化的教学服务，根据学生的不同需求和特点，制订个性化的教学计划和方案。同时，教师也可以利用信息技术手段，如智能语音识别、自然语言处理等技术，为学生提供更加智能化、个性化的学习服务。

（4）跨学科、跨领域的合作与交流：未来的教研将更加注重跨学科、跨领域的合作与交流。通过与其他学科或领域的教师进行交流与合作，小学英语教师可以借鉴其他学科或领域的教学方法和经验，拓展自己的教学思路和视野。同时，这种合作与交流也有助于促进学科之间的交叉融合，推动小学英语学科的创新和发展。

总的来说，在多种信息技术手段融合的环境下，小学英语教师教研的未来发展趋势将更加智能化、数据化、多元化、个性化以及跨学科化。这将有助于提高教师的教学水平和能力，促进小学英语学科的发展，并为学生提供更加优质的学习服务。同时，教师也需要不断学习和掌握新的信息技术手段和教学方法，以适应未来的教研发展趋势和满足学生的学习需求。

四、结论

多技术融合环境为小学英语教师的教研活动带来了前所未有的机遇与挑战。通过创新教研方式，教师可以更高效地提升自身专业素养，进而提高教学质量。本节提出的变革策略不仅有助于促进教师的专业成长，也有利于提升学生的学习成效。未来，随着技术的进一步发展，多技术融合环境下的小学英语教师教研将更加深入和广泛。作为教育工作者，我们需要紧跟时代步伐，积极探索和实践，以更好地服务于学生的英语学习和发展。

第 五 章

多技术融合环境下小学英语教学应用案例

第一节 多技术融合环境下的小学英语课堂教学应用案例

一、小学英语单词教学的信息技术融合应用案例

在多技术融合模式下，教师利用"爱种子"平台和应答器进行了小学课堂教学。"爱种子"项目是清远市清城区一个教育改革项目，旨在促进区域教育均衡发展。该项目由清城区教师发展中心牵头，通过实施一系列的教学改革和实践，提高教师的教学水平和教育质量，同时为学生提供更优质的教育资源和学习环境。

教师利用"爱种子"平台和应答器进行单词和对话教学，通过实时反馈数据、应答器评价、自评、互评和师评等环节，将信息技术与小学英语课堂教学进行了有机融合。

（1）教师借助"爱种子"平台的多媒体资源，为学生提供了丰富的单词和对话学习材料。这些材料以多样化的形式呈现，如图片、音频、视频等，有助于激发学生的学习兴趣和积极性。

（2）利用应答器进行实时反馈，及时了解学生的学习情况。通过分析反馈数据，她能够针对学生的需求进行个性化指导，调整教学策略，提高教学效果。

（3）在评价环节中，教师结合应答器评价、自评、互评和师评等多种方式，形成全面而客观的评价体系。这种多元化的评价方式有助于培养学生的自主学习能力、批判性思维和协作精神。

（4）教师以"爱种子"的范式"自主学习"为指导，将信息技术与小学英语课堂教学深度融合。通过引导学生利用信息技术进行自主学习、合作学习，培养学生的信息素养和终身学习能力。

综上所述，"爱种子"平台和范式应用在多技术融合模式下的小学英语单词和对话教学中，将信息技术与课堂教学有机融合，提高了学生的学习效果和综合素质。这种融合模式为小学英语课堂教学提供了新的思路和方法，值得进一步推广和应用。

笔者曾经在清远市清城区凤翔小学任教学副校长，曾经牵头凤翔小学广东省中小学教师信息技术应用能力提升工程2.0项目省级试点校的工作。我们以下引用凤翔小学朱红艳老师的多技术模式下的单词和对话教学案例，她的案例获得广东省2022年中小学教师信息技术应用能力提升工程2.0创新精品案例二等奖。

以下为典型的精品课教学设计。

广东省能力提升工程2.0创新精品课例教学设计

学校名称：清远市清城区凤翔小学

课例类型：☑多技术融合环境　□智慧教育环境

一、课例名称

人教版英语四年级上册Unit 3 Look at me Part B自主学习课

二、教学对象

清远市清城区凤翔小学三（6）班学生

三、教学环境

配置一体机及"爱种子"平台的多媒体教室

四、教学设计理念

本节多技术融合教学典型案例的教学内容为人教版英语三年级上册Unit 3 Look at me Part B自主学习课，本课时在上一课时学生掌握新授知识的基础上整合课文内容及相关资源，进行更多的师生、生生、师机、生机互动，引导学生对知识进行深层次的探究。本案例以"互联网+教育"为核心，充分借助"爱种子"教学平台为课堂赋能，体现数据驱动、及时教学反馈、深度学习等教育特点。

五、教学策略

（一）借助信息技术创设真实语境，帮助学生自然习得语言

本案例借助"爱种子"平台呈现大量图片及视频，让学生有如临其境之感，让学生在真实情境中巩固所学并自然习得新知。课件中插入思维导图、倒计时工具、配音工具，使课堂实用性及趣味性兼备，使学生乐中学、趣中学。

（二）利用信息技术进行互评、自评、师评，提高学生评价能力

本案例借助"爱种子"平台的评价功能（数据收集功能），让学生通过答题器实现课堂表现的及时自评和互评，促进学生积极反思课堂。教师也使用"爱种子"平台的班级评价功能，为学生的课堂表现进行加分奖励，直观有趣的评价界面吸引学生注意，激励学生积极参与课堂活动中来。

（三）通过信息技术采集和分析学生数据，提供精准化、个性化、差异化指导

本案例借助"爱种子"平台的学生数据采集功能，通过答题器人机互动答题检测学生学习成果，即时呈现学生答题数据分析，帮助教师快

速得到全班学生数据，方便教师灵活调整课堂，进行下一步对学生的精准化、个性化、差异化指导。

六、实施效果

信息技术有效支持学生习得、师生互动和教学评价，教学环节完整、教学容量适当、时间分配合理、教学过程流畅、课堂氛围活跃有序，学生积极参与课堂，从学生课堂表现和平台检测可看出学生基本达成教学预设目标。

七、推广应用情况

本案例达到示范引领效果，校内英语教师积极观摩，在校内引发讨论信息技术赋能英语课堂教学策略的热潮。

八、教材及教学内容分析

本课内容选自义务教育教学科书英语（三年级起点）三年级上册 Unit 3 Look at me 。本单元要学习的是如何运用句型 This is...向别人介绍五官和身体部位，询问别人的近况并回答，以及向他人建议一起做某事。同时学习字母 Ee—Ii 的自然拼读和读写。本册书第一单元已经学习了基本问候语，hello，hi，Good morning，Good afternoon。本单元是在第一单元基础上进一步学习问候语：How are you？I'm fine. Thank you. / Very well，thanks，本单元共6个课时，分别使用"爱种子"背景下的自主学习、互动探究和主题拓展模式的教学模式进行教学。

九、教学对象分析

本单元的授课对象是三年级的学生，学生活泼好动，学习英语的兴趣浓厚，孩子不会害羞，课堂上喜欢表现自己，对英语课堂上的唱唱跳跳的学习形式尤为喜欢。学生在一、二年级的英语口语学习中，已经接触过五官和身体部位的单词，如 ear，eye，nose，mouth，face 的学习，但都只是停留在听、说的基础上，还不太会认读。

教学对象分析方法和工具：课前通过"爱种子"平台对教学对象进行了前测，通过数据分析得出他们相关知识点的掌握程度，据此调整教学设计。

十、教学目标分析

本节课的教学目标：要求学生能够理解对话大意；能够用正确的语音、语调朗读对话；能够在图片、实物或情境的帮助下，运用句型This is my/the/a/an ...向别人介绍自己或者别人的五官和身体部位。能够在情境中运用句型How are you? I'm fine, thank you./Very well, thanks.有礼貌地询问别人的近况并进行回答。能够在情境中运用句型Let's ...向别人提议一起做某事并进行回答，养成良好的生活习惯。

十一、教学重难点分析

教学重点：学生能够听懂、会说、认读关于身体部位的单词，并能在实际情境中运用本部分句型。

教学难点：学生能够在日常生活中准确地运用本课句型进行交际，单词head和hand的发音区别以及Very well, thanks.的读音。

十二、技术工具、平台、资源

"爱种子"平台、多媒体教学平台和教材配套教学动画视频。

十三、教学活动设计

教学环节	教师活动	学生活动	技术、资源（含平台与工具）	设计意图
2′30″热身活动	和学生打招呼并播放导语，明确学习目标	跟老师打招呼，听学习目标	"爱种子"平台播放视频	通过问候可以拉近师生的距离，导入主题
7′唱歌并完成思维导图	教师播放视频歌曲，给学生一分钟小组内合作完成思维导图	学生跟唱并做动作然后完成思维导图	"爱种子"和思维导图	通过思维导图检测学生预习情况

教学环节	教师活动	学生活动	技术、资源 （含平台与工具）	设计意图
12′ 学习本节课的其中两个句型	通过微信对话导入本节课的新句型How are you？Very well，thanks.	回答老师设置的问题并听微信语音对话	"爱种子"平台：图片展示，视频播放	通过动态视频帮助学生熟悉课文，巩固所学
25′ 学习本节课另外两个句型和本节的单词	通过猜测What will they do？引出句型Let's make a puppet.如何通过制作puppet需要的物品引出本节课要学习的单词head，arm，hand，body，leg and foot.并对单词进行教学	回答老师关于本节课的句型设置的问题，观看视频	"爱种子"平台：PPT使课堂呈现生成感、全班评价功能（教师使用平台评价功能）	先通过动态图片和视频帮助学生学习本节课重点句型，再通过单词卡片帮助学生熟悉句型和单词，巩固所学
31′ 表演课文对话，对所学知识进行巩固和操练	组织学生通过小组练习，跟读，配音，评价并选出难读的句子	两人合作练习对话，配音，用答题器选择对话中最难读的句子。查看评分标准。观看学生表演，根据评分标准为表演的学生打分	"爱种子"平台：选择题功能（学生使用答题器），视频配音功能，学生互评功能（学生使用答题器），全班评价功能（教师使用平台评价功能）	通过练习对话、表演对话让学生进一步巩固所学，通过表演展示增强学生自信心，收获成功喜悦。通过学生用答题器选择难读的句子，教师有针对性地指导朗读，基于数据分析精准教学。通过学生互评，提高学习效果

续　表

教学环节	教师活动	学生活动	技术、资源（含平台与工具）	设计意图
33′ 通过课文中的chant巩固单词	通过观看Let's do视频让学生模仿	学生跟唱并模仿	"爱种子"平台播放视频	通过chant，在较真实语境中帮助学生巩固重点单词，让学生在乐中学，学有所获
36′ make a poster检测学生对本节课所学知识	让观看制作海报的流程并听音	学生根据录音内容制作海报	"爱种子"平台播放录音	在较真实语境中帮助学生巩固重点句型，让学生在乐中学，学有所获。使学生自然习得知识，提高习得能力
39′ 30″ 学生自评	教师引导学生回顾本节课自身表现，通过答题器自评，教师通过自评结果调节下一课时教学内容	通过答题器自评	"爱种子"平台：学生自评功能（学生使用答题器）	通过自评引导学生及时反思，提高学得和评得。教师通过学生自评结果调整下一课时教学内容
40′ 布置作业	教师展示作业内容	登记作业内容	"爱种子"平台：图片展示	通过针对性的分层作业，让学生课后进一步巩固所学

十四、教学评价量表

课堂教学评价量规见下表。

评价指标			指标分级描述				评价等级
			A	B	C	D	
教师教学行为	1	教学目标定位	教学目标明确适切，有层次、可操作、可检测，关注英语学科核心素养	教学目标比较明确适切，层次性、可操作性一般，关注英语学科核心素养	教学目标比较明确适切，层次性、可操作性不强，较少关注英语学科核心素养	教学目标不明确，没有关注英语学科核心素养	
	2	活动设计	活动安排科学合理，循序渐进，指示明确，有效促进教学目标的达成	活动安排比较科学合理，循序渐进，指示较明确，较有效促进教学目标的达成	活动安排科学性、合理性一般，教学效果一般	活动安排不够科学合理，指示不明确，教学效果不理想	
	3	角色定位	学习的组织者、合作者和引导者	学习的组织者、知识的传授者	知识的传授者	课堂的权威者	
	4	教学方式	启发式、任务驱动	较好运用启发式	启发式和灌输式兼而有之	灌输式	
	5	课堂问题的指向性	目标明确、简明清晰、注重思维发展	目标较明确、比较清晰	目标较模糊	目标不明确	
	6	对学情的关注	很关注	较关注	有关注，但关注不够	不关注	
	7	对教学平台的使用	熟悉	较熟悉	不太熟悉	不会用	

续　表

评价指标		指标分级描述				评价等级
		A	B	C	D	
教师教学行为	8　对后台的评价使用	重视，经常使用	较重视，会使用	偶尔使用	没使用	
	9　教学目标达成度	高	较高	一般	较差	
学生学习行为	1　参与度	学生有效自主、合作、探究学习的时间充分	学生有效自主、合作、探究学习的时间较充分	学生有效自主、合作、探究学习的时间不充分	学生有效自主合作、探究学习时间少	
	2　学习方式	学生自主学习、合作学习和探究学习，参与学习积极性高	学生自主学习、合作学习和探究学习，参与学习积极性较高	学生自主学习、合作学习和探究学习，参与学习积极性一般	学生被动学习，参与学习积极性不高	
	3　学习态度	学习认真，兴趣浓厚，积极参与课堂活动	学习认真，兴趣较浓厚，较积极参与课堂活动	学习态度、兴趣一般，不够积极参与课堂活动	学习不认真，被动或不参与课堂活动	
	4　学习习惯	能做到认真倾听，积极讨论，大胆交流、展示和评价，反思、善于与人合作	能做到认真倾听，较积极讨论，大胆交流、展示和评价，反思、善于与人合作	基本做到认真倾听，积极讨论，大胆交流、展示和评价，反思、与人合作	很少做到认真倾听、积极讨论、大胆交流、展示和评价，反思，不善于与人合作	

续 表

评价指标			指标分级描述				评价等级
			A	B	C	D	
学生学习行为	5	学习效果	学生思维活跃，学习兴趣浓厚，各层次学生都有不同程度的发展，学习目标达成度高	学生思维较活跃，学习兴趣较浓厚，各层次学生都有不同程度的发展，学习目标达成度较高	学生思维不够活跃，学习兴趣一般，各层次学生都有所发展，学习目标达成度一般	学生思维不活跃，学习没兴趣，学习目标达成度差	

整节课评价等级：_____优_____

注：A为优，B为良，C为中，D为差。

十五、教学反思

本节多技术融合教学典型案例的教学内容为人教版英语三年级上册 Unit 3 Look at me Part B 自主学习课，本课时是在学生已经预习的基础上学习单词和句型，通过师生、生生、师机、生机互动，引导学生对新授知识进行学习。

本案例，充分借助"爱种子"教学平台为课堂赋能，体现数据驱动、及时教学反馈、深度学习等教育特点，不仅体现在教学内容的丰富性和趣味性上，更在于它为师生互动和个性化学习提供了可能性。

首先，信息技术对于创设真实语境、帮助学生自然习得语言的巨大帮助。通过"爱种子"平台，够借助大量的图片和视频，让学生仿佛置身于英语环境中，这不仅增强了他们的学习兴趣，更有助于他们在真实的语境中更好地理解和运用英语。同时，课件中的思维导图和配音工具也极大地增强了课堂的实用性和趣味性，让学生在快乐中学习，提高了学习效果。

其次，信息技术在评价环节也发挥了重要作用。通过"爱种子"平台的评价功能，学生可以及时进行自评和互评，这不仅有助于他们更好地反思自己的学习，也有助于提高他们的评价能力。而教师评价功能则为学生的课堂表现提供了及时的反馈，有趣的评价界面也极大地吸引了学生的注意力，激励他们更积极地参与课堂活动。

最后，信息技术对于采集和分析学生数据，提供精准化、个性化、差异化的指导具有重要意义。通过"爱种子"平台的学生数据采集功能，教师可以快速得到全班学生的答题数据，这不仅为教师提供了即时的反馈，也为下一步的精准化、个性化、差异化指导提供了依据。

二、小学英语语音教学的信息技术融合应用案例

在某些学校，利用平板电脑支撑下的学习终端反馈系统可能还处于初步尝试阶段，只在一两个班级中实施。为了更好地与小学英语语音教学融合，以下是一些策略建议。

（1）利用平板学习机的互动性：在英语语音教学中，可以利用平板学习机的互动性，设计一些游戏、活动或者练习，让学生积极参与。比如，可以设计一些语音配对游戏，让学生在游戏中模仿并练习正确的发音。

（2）数据驱动的教学反馈：通过平板学习机，教师可以实时收集学生的学习数据，了解每个学生的学习进度和难点。这样，教师就可以及时调整教学策略，对个别学生进行有针对性的辅导。

（3）绘本情节创设情景：选择适合学生年龄和水平的英语绘本，利用平板学习机展示绘本内容，让学生通过绘本中的故事情节学习英语语音。例如，教师可以选取一些具有生动情节的绘本，让学生分角色朗读或者情景扮演，提高语音学习的趣味性。

（4）生与机、师与机的互动：利用平板学习机上的应用程序，教师可以布置一些学生在家里独立完成的语音练习任务，例如录制自己的发音并上传到学习平台上，供教师和其他学生点评。这样既增加了学生与机器的互动，也增强了师生、生生之间的互动。

（5）深度学习的教学反馈：除了简单的模仿和练习，教师还可以利用平板学习机引导学生进行更深入的语音学习。例如，可以让学生分析不同发音的细微差别，或者比较不同单词的发音，培养他们的语音意识和语音辨析能力。

（6）定期评估与反馈：教师可以定期评估学生的学习进度和成果，并通过平板学习机给予学生反馈和建议。同时，也可以鼓励学生之间互相评价和分享学习经验，促进共同进步。

我们以下引用清远市清城区凤翔小学王艳梅老师的多技术模式下的语音教学案例。

广东省能力提升工程2.0典型案例教学设计

学校名称：清远市清城区凤翔小学

课例类型：☑多技术融合环境　□智慧教育环境

一、课例名称

人教版英语五年级上册Unit 5 There is a big bed Let's spell。

二、教学对象

清远市清城区凤翔小学五（2）班学生。

三、教学环境

配置一体机及学生平板的PBL多媒体教室。

四、教学设计理念

本节多技术融合教学典型案例的教学内容为人教版英语五年级上册 Unit 5 There is a big bed Let's spell部分，以"互联网+教育"为核心，充分借助PBL教学平台为课堂赋能，体现数据驱动、及时教学反馈、深度学习等教育特点。利用PBL平台上的教学助手客户端进行更多的师生、生生、师机、生机互动，通过平台上的功能进行信息化教学，引导学生在平板电脑上对知识进行深层次的探究，及时反馈学习进程，教师能借助数据的分析及时调整教学进度和教学策略。

五、教学策略

（一）借助信息技术创设真实语境，帮助学生自然习得语言

本案例借助PBL平台呈现大量图片及音频，让学生有如临其境之感，让学生在真实情境中巩固所学并自然习得新知。课件中插入选择题工具、图文配对工具、倒计时工具等，使课堂实用性及趣味性兼备，使学生乐中学、趣中学。

（二）通过信息技术采集和分析学生数据，提供精准化、个性化、差异化指导

本案例借助PBL平台的学生数据采集功能，通过平板电脑答题，系统采集并检测学生学习成果，即时呈现学生答题数据分析，帮助教师快速得到全班学生数据，方便教师及时调整教学进度和策略，对学生的精准化、个性化、差异化进行指导。

六、实施效果

信息技术有效支持学生习得、师生互动和教学数据的分析，教学环节完整、教学容量适当、时间分配合理、教学过程流畅、课堂氛围活跃有序，学生积极参与课堂，从平台检测可看出学生基本达成教学预设目标。

七、推广应用情况

本案例达到示范引领效果，校内英语教师积极观摩，在校内引发讨论信息技术赋能英语课堂教学策略的热潮。

八、教材及教学内容分析

本部分学习的核心内容：字母组合ai和ay的发音，通过发音规则能认读含有组合ai和ay的单词。

九、教学对象分析

该班五年级学生经过两年多对英语语音内容的系统学习，已经能掌握英语26个字母的常见发音、元音字母的长短音发音和一些字母组合的发音规则，在本课时前学生已有一定的英语阅读能力。该班学生对英语学习充满热情，有小组合作的经验，从四年级起置身于多媒体教室的教学环境，熟悉信息技术化教学，能熟练操作平板进行课堂上的答题。

十、教学目标分析

本节课的教学目标：要求学生能够掌握ai/ay在单词中的发音规则，能认读单词rainy，say，rainbow，way，wait，birthday，Monday，paint。借助听力活动来进一步感知并强化ai/ay的音形对应关系。通过本部分的学习，帮助学生根据发音规则拼写单词，培养学生见词能读的能力。

十一、教学重难点分析

教学重点：

（1）能够掌握字母组合ai/ay在单词中的常见发音。

（2）能够读出符合ai/ay发音规则的单词，并根据ai/ay的发音拼写单词。

（3）能够在四线格上完成抄写句子的活动，做到书写规范。

教学难点：能够根据ai/ay的发音拼读、拼写单词。

十二、方法及技术工具支持

本案例借助PBL平台、课件、借助PBL平台的学生数据采集功能。

十三、教学活动设计

教学环节	教师活动	学生活动	技术、资源（含平台与工具）	设计意图
Free talk	教师利用上节课新授过的重点句型来和学生进行对话	学生运用上节课学习过的重点句型来进行对话	PBL平台：呈现句式	复习旧知
Chant	教师引导学生跟视频唱	学生跟视频唱	PBL平台：播放视频	复习学过的字母组合及其发音，唤醒旧知
Let's review	教师引导学生把辅音字母准确读出来	学生准确读出辅音	PBL平台：呈现图片	复习辅音发音，为后面的学习作铺垫
Introduce the main characters of the story："Jay and Rain"	教师利用课件呈现两只蜗牛的图片，介绍主人公Jay and Rain，用两个主人公的名字引出本节课的语音内容	学生认识本故事的主人公	PBL平台：呈现图片	引出课题
Tell the story	教师引导学生观察故事的文本内容，找出相同点，找出目标单词并小结字母组合ay的发音	学生通过观察故事的文本内容，小组合作找出目标单词并小结字母组合ay的发音	PBL平台：呈现图片	让学生通过小组合作进行自主学习，发现规律，小结发音

教学环节	教师活动	学生活动	技术、资源 （含平台与工具）	设计意图
Read the words	教师带读单词，并板书	学生跟读		呈现本课重点内容
Let's try	教师引导学生利用自然拼读，让学生尝试去拼读"辅音+ay"	利用自然拼读，学生尝试去拼读"辅音+ay"	PBL平台：呈现字卡	运用新学的ay发音，尝试拼读
Let's read	教师列出一些单词，让学生在四人小组内练读	学生在四人小组内练读	PBL平台：呈现单词	体现共同体的合作，学生进行自主学习
Continue the story	教师引导学生观察故事的文字，找出相同点，从而导出Rain，Spain，waiting，train，rainy，rainbow，rain都有相同的字母ai，而且ai都发音为/ei/	学生通过观察故事的文字，小组合作找出相同点，从而导出Rain，Spain，waiting，train，rainy，rainbow，rain都有相同的字母ai，而且ai都发音为/ei/	PBL平台：呈现图片	让学生通过小组合作进行自主学习，发现规律，小结发音
Let's blend	教师引导学生利用自然拼读，让学生尝试去拼读"辅音+ai+辅音"	学生利用自然拼读，尝试去拼读"辅音+ai+辅音"	PBL平台：呈现字卡	运用新学的ai发音，尝试拼读
Let's chant	教师带领学生唱歌谣	学生跟着学唱歌谣	PBL平台：播放视频	熟悉巩固本课单词

117

续 表

教学环节	教师活动	学生活动	技术、资源（含平台与工具）	设计意图
Listen, read and circle	教师引导学生完成相应课本练习	学生听音完成课本练习	PBL平台：播放音频	通过完成习题，检测学生对知识的掌握情况，通过对学生的数据收集，教师下一课时可更有针对性地实施精准教学
布置作业	教师展示作业内容	登记作业内容	PBL平台：图片展示	通过针对性的作业，让学生在课后进一步巩固所学

十四、教学评价

评价指标			指标分级描述				评价等级
			A	B	C	D	
教师教学行为	1	教学目标定位	教学目标明确适切，有层次、可操作、可检测，关注培养英语学科核心素养	教学目标比较明确适切，层次性、可操作性一般，关注英语学科核心素养	教学目标比较明确适切，层次性、可操作性不强，较少关注英语学科核心素养	教学目标不明确，没有关注英语学科核心素养	
	2	活动设计	活动安排科学合理，循序渐进，指示明确，有效促进教学目标的达成	活动安排比较科学合理，循序渐进，指示较明确，较有效促进教学目标的达成	活动安排科学性、合理性一般，教学效果一般	活动安排不够科学合理，指示不明确，教学效果不理想	

续 表

评价指标			指标分级描述				评价等级
			A	B	C	D	
教师教学行为	3	角色定位	学习的组织者、合作者和引导者	学习的组织者、知识的传授者	知识的传授者	课堂的权威者	
	4	教学方式	启发式、任务驱动	较好运用启发式	启发式和灌输式兼而有之	灌输式	
	5	课堂问题的指向性	目标明确、简明清晰、注重思维发展	目标较明确、比较清晰	目标较模糊	目标不明确	
	6	对学情的关注	很关注	较关注	有关注，但关注不够	不关注	
	7	对教学平台的使用	熟悉	较熟悉	不太熟悉	不会用	
	8	对后台的评价使用	重视，经常使用	较重视，会使用	偶尔使用	没使用	
	9	教学目标达成度	高	较高	一般	较差	
学生学习行为	1	参与度	学生有效自主、合作，探究学习的时间充分	学生有效自主、合作，探究学习的时间较充分	学生有效自主、合作，探究学习的时间不充分	学生有效自主、合作，探究学习时间少	
	2	学习方式	学生自主学习、合作学习和探究学习，参与学习积极性高	学生自主学习、合作学习和探究学习，参与学习积极性较高	学生自主学习、合作学习和探究学习，参与学习积极性一般	学生被动学习，参与学习积极性不高	

续 表

评价指标			指标分级描述				评价等级
			A	B	C	D	
学生学习行为	3	学习态度	学习认真，兴趣浓厚，积极参与课堂活动	学习认真，兴趣较浓厚，较积极参与课堂活动	学习态度、兴趣一般，不够积极参与课堂活动	学习不认真，被动或不参与课堂活动	
	4	学习习惯	能做到认真倾听，积极讨论，大胆交流、展示和评价，善于反思、与人合作	能做到认真倾听，较积极讨论，大胆交流、展示和评价，善于反思、与人合作	基本做到认真倾听，积极讨论，大胆交流、展示和评价，能反思、与人合作	很少做到认真倾听，积极讨论，大胆交流、展示和评价，不善于反思、与人合作	
	5	学习效果	学生思维活跃，学习兴趣浓厚，各层次学生都有不同程度的发展，学习目标达成度高	学生思维较活跃，学习兴趣较浓厚，各层次学生都有不同程度的发展，学习目标达成度较高	学生思维不够活跃，学习兴趣一般，各层次学生都有所发展，学习目标达成度一般	学生思维不活跃，学习没兴趣，学习目标达成度差	

整节课评价等级：＿＿＿＿＿优＿＿＿＿＿

注：A为优，B为良，C为中，D为差。

十五、教学反思

在教学实施过程中，可增加一项内容，让学生选出在自主学习过程中比较难读的内容，教师根据平台反馈出来的数据，再调整学习进度，借助平台上的练习题功能设计多一些练习来帮助学生突破难点。

三、小学英语对话教学的信息技术融合应用案例

信息技术与小学英语对话教学的融合，旨在为学生创造更加真实、生动的学习情境，激发他们的学习兴趣，提高英语对话能力。

（一）"爱种子平台+应答器"模式下的小学英语对话教学的策略

结合"爱种子"平台的评价功能、数据收集功能和应答器功能，可以更好地实现这一目标。以下是具体的策略。

1.利用"爱种子"平台创设真实情境

利用"爱种子"平台提供的多媒体资源和教学素材，教师可以创设出贴近学生生活、符合教学内容的英语对话情境。通过展示英语国家的风土人情、生活场景等，帮助学生更好地理解英语语境，激发他们参与对话的积极性。

2.利用应答器实现课堂互动

通过"爱种子"平台的应答器功能，教师可以随时提出问题或发起讨论，引导学生积极参与课堂互动。学生通过应答器回答问题或发表观点，不仅增加了课堂的趣味性，还让教师及时了解学生的学习情况，调整教学策略。

3.利用评价功能促进自评与互评

"爱种子"平台的评价功能可以帮助学生及时了解自己的学习进度和课堂表现。通过自评，学生可以反思自己的不足之处，调整学习策略；通过互评，学生可以学习他人的优点，相互促进提高。同时，教师也可以根据评价结果对学生进行个性化指导。

4.利用数据收集功能优化教学

"爱种子"平台的数据收集功能可以记录学生的学习轨迹和课堂表现，为教师提供全面的教学反馈。教师可以通过分析这些数据，了解哪

些教学方法有效、哪些知识点学生掌握得不够牢固，从而优化教学策略，提高教学效果。

5.结合"互动探究"范式进行教学

采用"互动探究"的教学范式，教师可以组织学生进行小组讨论、角色扮演等活动，让学生在探究中学习和成长。通过小组合作，学生可以提高团队合作意识和沟通能力；通过角色扮演，学生可以更好地理解和运用英语对话技巧。

6.关注学生个体差异

每个学生都有不同的学习需求和学习风格。在教学过程中，教师应关注学生的个体差异，根据学生的特点制订个性化的教学方案。例如，对于发音困难的学生，可以设计专门针对他们的练习任务和指导策略。

综上所述，通过以上策略，我们可以清晰地了解到如何将信息技术与小学英语对话教学融合在一起。通过"爱种子"平台的各项功能和"互动探究"的教学范式，教师可以为学生创造更加真实、生动的学习环境，提高他们的学习兴趣和英语对话能力。同时，结合评价功能和数据收集功能，教师可以更好地了解学生的学习情况并及时调整教学策略，优化教学效果。

以下引用清远市清城区凤翔小学的廖恩楠老师人教版英语四年级上册Unit 4 My home Part B互动探究课的教学案例。

广东省能力提升工程2.0典型案例教学设计

学校名称：清远市清城区凤翔小学

课例类型：☑多技术融合环境　□智慧教育环境

一、课例名称

人教版英语四年级上册Unit 4 My home Part B互动探究课。

二、教学对象

清远市清城区凤翔小学四（8）班学生。

三、教学环境

配置一体机及"爱种子"平台的多媒体教室。

四、教学设计理念

本节多技术融合教学典型案例的教学内容为人教版英语四年级上册 Unit 4 My home Part B互动探究课，本课时在上一课时学生掌握新授知识的基础上整合课文内容及相关资源，进行更多的师生、生生、师机、生机互动，引导学生对知识进行深层次的探究。本案例以"互联网+教育"为核心，充分借助"爱种子"教学平台为课堂赋能，体现数据驱动、及时教学反馈、深度学习等教学特点。

五、教学策略

（一）借助信息技术创设真实语境，帮助学生自然习得语言

本案例借助"爱种子"平台呈现大量图片及视频，让学生有如临其境之感，让学生在真实情境中巩固所学并自然习得新知。课件中插入思维导图、倒计时工具、配音工具，使课堂实用性及趣味性兼备，使学生乐中学、趣中学。

（二）利用信息技术进行互评、自评、师评，提高学生评价能力

本案例借助"爱种子"平台的评价功能（数据收集功能），让学生通过答题器实现课堂表现的即时自评和互评，促进学生积极反思课堂。教师也使用"爱种子"平台的班级评价功能，为学生的课堂表现进行加分奖励，直观有趣的评价界面吸引学生注意，激励学生积极参与课堂活动中来。

（三）通过信息技术采集和分析学生数据，提供精准化、个性化、差异化指导

本案例借助"爱种子"平台采集学生数据的功能，通过应答器人机互动答题检测学生的学习成果，即时呈现学生答题数据分析，帮助教师快速得到全班学生数据，方便教师灵活调整课堂，进行下一步对学生的精准化、个性化、差异化指导。

六、实施效果

信息技术有效支持学生习得、师生互动和教学评价，教学环节完整、教学容量适当、时间分配合理、教学过程流畅、课堂氛围活跃有序，学生积极参与课堂，从学生课堂表现和平台检测可看出学生基本达成教学预设目标。

七、推广应用情况

本案例达到示范引领效果，校内英语教师积极观摩，在校内引发讨论信息技术赋能英语课堂教学策略的热潮。

八、教材及教学内容分析

本部分学习的核心句型是：Where are the keys？ Are they on the table？ No， they aren't.教材通过John与妈妈寻找钥匙的情景，让学生感知上述句型的语义及语用情景。

九、教学对象分析

该班四年级学生经过一年多对英语的系统学习，已经能掌握英语基础的听、说、读、写能力，并已掌握基础自主学习和合作学习能力。在本课时前学生已学习如何使用一般疑问句提问单数名词是否在某处，并能做出肯定否定回答。该班学生活泼好动，对英语学习充满热情，形象思维能力强，从一年级起置身于多媒体教室的教学环境，熟悉信息技术化教学。

十、教学目标分析

本节课的教学目标是：要求学生能够理解对话大意；能够用正确的语音、语调朗读对话；能够在情景中运用句型Are they on/near...? 询问物品的位置，同时做出判断Yes, they are./No, they aren't.通过本部分的学习，引导学生在日常生活中学会收拾好自己的物品，养成良好的生活习惯。

十一、教学重难点分析

重点：能够在情景中运用句型Are they on/near...? 询问物品的位置，同时做出判断Yes, they are./No, they aren't.

难点：能够区分询问单复数名词位置需要使用不同的句型并能做出判断。

十二、方法及技术工具支持

"爱种子"教学平台，网络图片、教材配套教学动画视频、教师自制视频等。

十三、教学活动设计

教学环节	教师活动	学生活动	技术、资源（含平台与工具）	设计意图
19″ TPR活动	教师引导学生起立，边说上节课所授新句子边做动作	起立，边说边做动作	"爱种子"平台：播放视频	活跃课堂气氛，复习上节课内容，为引入本节课主题："到John家拜访"作铺垫

续　表

教学环节	教师活动	学生活动	技术、资源（含平台与工具）	设计意图
1′19″ 完成思维导图	教师给80秒让学生小组合作完成思维导图，写出John家里各个房间可能出现的物品。80秒后，请学生上台用Look at the... It has...句型任选一房间来介绍	80秒内小组合作完成思维导图。上台任选一房间介绍屋内的物品	"爱种子"平台：思维导图，倒计时工具	通过思维导图帮助学生系统梳理上节课新学词汇，锻炼学生小组合作能力
5′50″ 复习课文对话	教师通过出示图片带领学生回顾已学对话的内容。 教师播放对话视频，进一步帮助学生复习对话	回答老师提出的关于对话的问题。 观看视频	"爱种子"平台：图片展示，视频播放	先通过静态图片帮助学生回顾上节课所学课文内容，再通过动态视频进一步帮助学生熟悉课文，巩固所学
7′09″ 表演课文对话	教师给60秒让学生两人合作练习对话。 教师组织学生用应答器选择学生认为最难读的句子，教师针对指导	两人合作练习对话。 用应答器选择对话中最难读的句子。 查看评分标准	"爱种子"平台：倒计时工具，选择题功能（学生使用答题器），视频配音功能，学生互评功能（学生使用应答器），全班评价功能（教师使用平台评价功能）	通过练习对话、表演对话让学生进一步巩固所学，通过表演展示增强学生自信心，收获成功喜悦

教学环节	教师活动	学生活动	技术、资源（含平台与工具）	设计意图
7′09″ 表演课文 对话	教师展示评价标准后邀请学生上台表演对话。每组学生表演对话后，教师组织全班学生根据表演学生的表现，用应答器给他们评星，满分5星，教师在教学平台上为表现好的小组加分奖励	观看学生表演，根据评分标准为表演的学生打分		通过学生用应答器选择最难读的句子，教师可及时调节课堂，有针对性地指导朗读，基于数据分析精准教学。 通过学生互评，提高学生学习效果
14′05″ 练习句型："寻物"游戏	教师用"布"遮挡住PPT上的John遗失的物品，引导学生用重点句型"Are they …?"或"Is it...?"来猜测物品位置。猜对物品位置的学生所在小组可以在平台上得到加分奖励。引导学生用形容词概括John的房间，拓展新词汇：messy	用重点句型猜测John遗失物品的位置。通过图片猜测新词：messy的意思	"爱种子"平台：PPT图形拖动功能（根据学生猜测，现场拖动PPT图形，使课堂呈现生成感、真实感），全班评价功能（教师使用平台评价功能）	通过游戏，在较真实语境中帮助学生巩固重点句型，让学生在乐中学，学有所获。 让学生在语境中拓展新知

127

续 表

教学环节	教师活动	学生活动	技术、资源（含平台与工具）	设计意图
20′34″ 练习句型：帮助John "收拾房间"	教师引导学生想象 "如果你是John的妈妈，你会和John说什么？"，发散学生思维，自然引出句型 "Put...in/on/under..."。邀请学生上台使用鼠标把PPT上物品 "摆放" 到合适位置。拓展新词汇：tidy。询问学生是否有凌乱的房间，自然引导到教育学生应该保持环境整洁	发散思维，想象妈妈会和John说什么。使用鼠标把PPT上物品 "摆放" 到合适位置。通过图片猜测新词：tidy的意思。领悟保持环境整洁的重要性	"爱种子" 平台：PPT图形拖动功能（根据学生猜测，现场拖动PPT图形，使课堂呈现生成感、真实感）	在较真实语境中帮助学生巩固重点句型，让学生在乐中学，学有所获。使学生自然习得知识，提高习得能力
24′05″ 学习新语篇：教师自制视频	教师播放自制视频。请学生小组合作回忆视频内容，填空。请学生两人合作练习对话。引导全班分角色表演对话	观看视频。小组合作填空。两人合作练习对话	camtasia studio 8：自制含字幕的动画视频。"爱种子" 平台：播放视频	教师整合课文知识和相关知识，形成新语篇。让学生通过整合的新语篇梳理回顾所学知识，提高习得能力。通过小组合作和两人合作，提高学生协同合作能力

教学环节	教师活动	学生活动	技术、资源（含平台与工具）	设计意图
30′46″ 学生自主创编语篇	教师给120秒让学生两人合作创编新对话：运用句型，寻找John房间中的1~2件物品。邀请学生上台表演所编新对话。教师在教学平台上为表现好的小组加分奖励	两人合作创编新对话。上台展示	"爱种子"平台：倒计时功能，PPT图形拖动功能（根据学生猜测，现场拖动PPT图形，使课堂呈现生成感、真实感），全班评价功能（教师使用平台评价功能）	学生可根据自身水平选择不同难度的语言支架创编对话，体现出教师以学生为主体的分层教学思想。学生通过创编对话，完成对课内相关知识的梳理，进一步理清知识网络、巩固所学
35′51″ 完成习题	教师引导学生使用应答器答题。教师展示题目的正确答案及学生正确率，分析题目	使用应答器答题，查看全班每道题的正确率和完成情况	"爱种子"平台：选择题功能（学生使用应答器）及题目分析功能	通过完成习题，检测学生对知识的掌握情况，通过对学生的数据收集，教师下一课时可更有针对性地实施精准教学
39′05″ 学生自评	教师引导学生回顾本节课自身表现，通过应答器自评，教师通过自评结果调节下一课时教学内容	通过应答器自评	"爱种子"平台：学生自评功能（学生使用应答器）	通过自评引导学生及时反思，查漏补缺，提高学习效果。教师通过学生自评结果调节下一课时教学内容

续表

教学环节	教师活动	学生活动	技术、资源（含平台与工具）	设计意图
39′ 53″ 布置作业	教师展示作业内容	登记作业内容	"爱种子"平台：图片展示	通过针对性的分层作业，让学生在课后进一步巩固所学，并且培养学生保持环境整洁的好习惯

十四、教学评价

评价指标			指标分级描述				评价等级
			A	B	C	D	
教师教学行为	1	教学目标定位	教学目标明确适切，有层次、可操作、可检测，关注培养英语学科核心素养	教学目标比较明确适切，层次性、可操作性、可检测性一般，关注英语学科核心素养	教学目标比较明确适切，层次性、可操作性不强，较少关注英语学科核心素养	教学目标不明确，没有关注英语学科核心素养	A
	2	活动设计	活动安排科学合理，循序渐进，指示明确，有效促进教学目标的达成	活动安排比较科学合理，循序渐进，指示较明确，较有效促进教学目标的达成	活动安排科学性、合理性一般，教学效果一般	活动安排不够科学合理，指示不明确，教学效果不理想	A
	3	角色定位	学习的组织者、合作者和引导者	学习的组织者、知识的传授者	知识的传授者	课堂的权威者	A
	4	教学方式	启发式、任务驱动	较好运用启发式	启发式和灌输式兼而有之	灌输式	A

评价指标			指标分级描述				评价等级
			A	B	C	D	
教师教学行为	5	课堂问题的指向性	目标明确、简明清晰、注重思维发展	目标较明确、比较清晰	目标较模糊	目标不明确	A
	6	对学情的关注	很关注	较关注	有关注，但关注不够	不关注	A
	7	对教学平台的使用	熟悉	较熟悉	不太熟悉	不会用	A
	8	对后台的评价使用	重视，经常使用	较重视，会使用	偶尔使用	没使用	A
	9	教学目标达成度	高	较高	一般	较差	A
学生学习行为	1	参与度	学生有效自主、合作、探究学习的时间充分	学生有效自主、合作、探究学习的时间较充分	学生有效自主、合作、探究学习的时间不充分	学生有效自主合作、探究学习时间少	B
	2	学习方式	学生自主学习、合作学习和探究学习，参与学习积极性高	学生自主学习、合作学习和探究学习，参与学习积极性较高	学生自主学习、合作学习和探究学习，参与学习积极性一般	学生被动学习，参与学习积极性不高	B
	3	学习态度	学习认真，兴趣浓厚，积极参与课堂活动	学习认真，兴趣较浓厚，较积极参与课堂活动	学习态度、兴趣一般，不够积极参与课堂活动	学习不认真，被动或不参与课堂活动	A

续 表

评价指标			指标分级描述				评价等级
			A	B	C	D	
学生学习行为	4	学习习惯	能做到认真倾听，积极讨论，大胆交流、展示和评价，反思、善于与人合作	能做到认真倾听，较积极讨论，大胆交流、展示和评价，反思、善于与人合作	基本做到认真倾听，积极讨论，大胆交流、展示和评价，反思、与人合作	很少做到认真倾听，积极讨论，大胆交流、展示和评价，反思、不善于与人合作	B
	5	学习效果	学生思维活跃，学习兴趣浓厚，各层次学生都有不同程度的发展，学习目标达成度高	学生思维较活跃，学习兴趣较浓厚，各层次学生都有不同程度的发展，学习目标达成度较高	学生思维不够活跃，学习兴趣一般，各层次学生都有所发展，学习目标达成度一般	学生思维不活跃，学习没兴趣，学习目标达成度差	A
整节课评价等级：_____优_____							
注：A为优，B为良，C为中，D为差。							

十五、教学反思

在人教版英语四年级上册Unit 4 My home Part B互动探究课中，本课在上一课学生已掌握新授知识的基础上，进一步整合课文内容及相关资源，旨在通过更多的互动和探究，引导学生对知识进行深层次的探索和理解。

"爱种子"平台所提供的丰富图片和视频资源，为学生营造了一个生动、真实的英语环境。这不仅增强了学生的学习兴趣，更让他们在实际情境中巩固所学，自然地习得新的语言知识。同时，课件中融入的思维导图、倒计时工具、配音工具等，使课堂既实用又有趣，让学生在快乐中学习，效果倍增。

在评价环节，教师也充分利用了信息技术。通过"爱种子"平台的评价功能，学生能够及时进行自评和互评，这不仅促使他们更深入地反思自己的学习过程，也锻炼了他们的评价能力。同时，教师评价功能的应用，使得课堂评价更加直观、有趣，从而激励学生更积极地参与课堂活动。

借助"爱种子"平台采集学生数据的功能，教师能够即时获取学生的学习成果数据，这为教师提供了宝贵的反馈信息。通过分析这些数据，教师可以快速了解全班学生的学习状况，从而灵活调整教学策略，对学生进行精准化、个性化、差异化的指导。这种数据驱动的教学方式，使教师能更科学、更有效地指导学生，帮助他们更好地掌握知识和提升能力。

（二）"互联网+免费教育App"模式下的小学英语对话教学的策略

在粤东西北地区，应答器或平板学习终端没有全面铺开，我们可以充分利用一些平台上的免费教学资源，结合"互联网+教育"的理念，如利用"希沃白板5""班级优化大师"评价系统和"一起作业网"等教学软件来教授小学英语单词和句子。

1.利用"希沃白板5"的互动功能

"希沃白板5"提供了丰富的互动功能，如拖拽、排序、选择等，可以用于单词和句子的学习与复习。例如，设计互动游戏，让学生在白板上进行单词配对或句子排序，增加学习的趣味性。

2.结合传统与数字资源

尽管没有平板或应答器，但我们仍然可以结合传统的黑板与数字资源。例如，利用希沃白板的投影功能，展示单词和句子的图片、音频和视频，再结合传统的板书进行讲解。

3.利用教学软件进行作业布置与检查

尽管没有平板或应答器，但学生可以使用纸质作业本完成作业，然后通过"一起作业网"等软件上传作业。教师可以在线批改并给出反馈，或者利用语音识别技术，纠正学生的发音。通过实时语音对比，让学生对自己的发音有更清晰的认识，提高口语表达能力。

4.开展小组合作活动

在没有应答器的环境下，小组合作尤为关键。教师可以布置小组任务，让学生通过讨论和合作完成任务，再进行课堂展示。

5.运用思维导图工具

思维导图工具是帮助学生梳理知识的好帮手。即使没有平板或应答器，学生也可以在纸上画出自己的思维导图，再通过拍照或扫描上传到教学软件中。

6.实施多元化的评价方式

评价方式可以多样化，如口头表达、书面作业、课堂表现等。教师可以通过观察、与学生交流来了解学生的学习情况。

7.运用"爱种子"互动探究的教学范式

这一范式强调学生的主动学习和探究。教师可以设计探究性问题或任务，引导学生通过讨论、查找资料等方式解决问题。

8.持续的数据收集与分析

虽然没有平板或应答器的即时反馈，但教师仍可以通过观察、与学生交流、分析作业等方式收集数据，了解学生的学习情况，调整教学策略。

9.充分利用免费教学资源

"希沃白板"提供了大量的免费教学资源，教师可以根据教学需要选择合适的教学资源进行备课和教学。

综上所述，即使在没有应答器或平板学习终端的地区，我们仍可以通过多种策略和技术手段来教授小学英语单词和句子，并实现数据驱动、互动合作、自评、互评、师评、深度学习等教学特点。关键在于教师如何创造性地运用现有资源和工具来满足学生的学习需求。

清远市清城区新三角小学是清城区的"粤教翔云"以及"国家中小学智慧教育平台"的试点校，始终走在教育创新的前沿。作为清城区信息技术应用能力提升2.0的试点校，我们积极推行"希沃白板"软件以及"班级优化大师"在课堂上的运用，为提升教学质量与学生学习体验不断努力。接下来，我们将通过邓志阳老师的2.0项目作品案例，进一步探讨多技术融合环境下的小学英语对话教学。

广东省能力提升工程2.0典型案例教学设计

学校名称：清远市清城区新三角小学

课例类型：☑多技术融合环境　智慧教育环境

一、课例名称

人教版英语六年级下册Unit 3 Where did you go？Part A互动探究课。

二、教学对象

清远市清城区新三角小学六（4）班学生。

三、教学环境

配置一体机的多媒体教室。

四、教学设计理念

本节多技术融合教学典型案例的教学内容为人教版英语六年级下册 Unit 3 Where did you go？ Part A互动探究课，本课时在上一课时学生掌握新授知识的基础上整合课文内容及相关资源，进行更多的师生、生生互动，引导学生对知识进行深层次的探究。本案例以"互联网＋教育"为核心，充分借助希沃的教学资源、"班级优化大师"和"一起作业网"等教学软件为课堂赋能，体现数据驱动的教学反馈、深度学习等教学特点。

五、教学策略

（一）借助信息技术创设真实语境，帮助学生自然习得语言

本案例借助希沃教学软件呈现大量图片及视频，让学生有如临其境之感，让学生在真实情境中巩固所学并自然习得新知。课件中插入思维导图、游戏、配音工具，使课堂实用性及趣味性兼备，使学生乐中学、趣中学。

（二）利用信息技术进行互评、自评、师评，提高学生评价能力

本案例教师使用"班级优化大师"的班级评价功能，为学生的课堂表现进行加分奖励，直观有趣的评价界面吸引学生注意，激励学生积极参与课堂活动。

（三）通过课前课后信息技术采集和分析学生数据，提供精准化、个性化、差异化指导

利用信息技术，创设情境，创编对话。在教授新知识以后，教师利用信息技术创设一定的情境或者利用平台的互动功能，让学生巩固任务更加有真实感。教师利用平台倒计时功能，让学生在限定时间内合作进行创编对话。运用平台可以任意拖拽图片的功能，创设情境，根据自身水平选择不同难度的语言支架进行创编对话，并上台表演，提升了学生

创编能力。

六、实施效果

信息技术有效支持学生习得、师生互动和教学评价，教学环节完整、教学容量适当、时间分配合理、教学过程流畅、课堂氛围活跃有序，学生积极参与课堂，从学生课堂表现和平台检测可看出学生基本达成教学预设目标。

七、推广应用情况

本案例起到示范引领效果，为没有应答器的学校提供参考的思路。

八、教材及教学内容分析

本部分学习的核心句型是：Where did you go...? I/We went to.... 和 What did you do there? —I ...。

九、教学对象分析

该班六年级学生经过三年多对英语的系统学习，已经具有英语基础的听、说、读、写能力，并已具有基础自主学习和合作学习能力。在本课时前学生已学习如何询问某人在某地的活动，并能运用动词的一般过去式表达。该班学生活泼好动，对英语学习充满热情，形象思维能力强，从一年级起置身于多媒体教室的教学环境，熟悉信息技术化教学。

十、教学目标分析

（一）语言能力目标

（1）能熟练运用动词短语rode a bike，rode a horse，went camping，hurt my foot，went fishing。

（2）能在情境中运用下列句型：

Where did you go...? I/We went to.... 和What did you do there? —I ...。

（3）能熟练朗读和表演对话。

（4）培养学生自主、合作、探究和协同学习能力。

（5）基于"爱种子"三环四得教学模式，让学生在创编的语言情景中自然"习得"语言知识和技能。

（二）文化意识目标

培养学生口头表达和交际能力及热爱生活的意识。

（三）思维品质目标

通过本课的学习，让学生在活动中体验语言知识，在展示中感受学习的乐趣。

（四）学习能力目标

培养学生主动学习的习惯，敢于、善于用英语表达自己，以及与人交流的能力。

十一、教学重难点分析

重点：

（1）能熟练运用动词短语rode a bike，rode a horse，went camping，hurt my foot，went fishing。

（2）能在情境中运用下列句型：

Where did you go...？ I/We went to.... 和What did you do there？
—I ...。

难点：

（1）区分where和what。

（2）培养学生自主、合作、探究和协同学习能力。

十二、方法及技术工具支持

技术工具平台、资源多媒体平台，网络图片、教材配套教学动画视频、教师自制视频。

十三、教学活动设计

教学环节	教师活动	学生活动	技术、资源（含平台与工具）	设计意图
19″ TPR活动	教师引导学生起立，边说上节课所授新句子边做动作	起立，边说边做动作	多媒体希沃：播放视频	活跃课堂气氛，复习上节课内容，为引入本节课主题：John去了新疆的吐鲁番
1′19″ 完成思维导图	教师给90秒让学生小组合作完成思维导图，写出John在吐鲁番看到和做过的事情。80秒后，请学生上台用"I went to...I rode..."句型来回答"Where did you go？"和"What did you do？"两个句型的提问自己去过的地方和看到的动作	90秒内小组合作完成思维导图。上台任选一处地方介绍人物的动作	希沃课件：思维导图，游戏	通过思维导图帮助学生系统梳理上节课新学词汇，锻炼学生小组合作能力
5′50″ 复习课文对话	教师通过出示图片带领学生回顾已学对话的内容。 教师播放对话视频，进一步帮助学生复习对话	回答老师提出的关于对话的问题。观看视频	希沃课件：图片展示，视频播放	先通过静态图片帮助学生回顾上节课所学课文内容，再通过动态视频进一步帮助学生熟悉课文，巩固所学

续 表

教学环节	教师活动	学生活动	技术、资源（含平台与工具）	设计意图
7′09″ 表演课文对话	教师给60秒让学生两人合作练习对话。 教师组织学生上台选择学生认为最难读的句子，教师有针对性地指导。 教师展示评价标准后邀请学生上台表演对话。 每组学生表演对话后，教师组织全班学生根据表演学生的表现，用"班级优化大师"给他们评星，满分5星，教师在教学平台上为表现好的小组加分奖励	两人合作练习对话。 用希沃选择对话中最难读的句子。 查看评分标准。 观看同学表演，根据评分标准为表演的同学打分	希沃：倒计时工具，选择题功能，视频配音功能，学生互评功能，全班评价功能（教师使用班优评价功能）	通过练习对话、表演对话让学生进一步巩固所学，通过表演展示增强学生自信心，收获成功喜悦。 通过学生用希沃课件里按钮选择最难读的句子，教师可及时调节课堂，有针对性地指导朗读，基于数据分析精准教学。 通过学生互评，提高学生学习效果
14′05″ 练习句型："寻物"游戏	教师利用PPT上的蒙层问答看到John的动作，引导学生用重点句型"What did they do？"或"Where did you go？"	用重点句型猜测John去过的地方和看到的动作。 通过图片猜测新词：went shopping的意思	希沃课件：PPT图形拖动功能（根据学生猜测，现场擦除PPT蒙层的图形，使课堂呈现生成感、真实感），全班评价功能（教师使用软件评价功能）	通过游戏，在较真实语境中帮助学生巩固重点句型，让学生在乐中学，学有所获。 让学生在语境中拓展新知

教学环节	教师活动	学生活动	技术、资源（含平台与工具）	设计意图
14′05″ 练习句型："寻物"游戏	来猜测做过的动作和去过的地方。猜对的学生所在小组可以在班优上得到加分奖励。引导学生用一般过去时概括John看到的动作，拓展新词汇：went shopping			
20′34″ 练习句型：帮助John"理清旅游路线"	教师引导学生想象"如果你是John，你会在吐鲁番做什么？"，发散学生思维，自然引出句型"Where did you go? What did you do?"。邀请学生上台使用鼠标把PPT上恰当的动词短语"摆放"到合适位置	发散思维，想象"如果你是John，你会在吐鲁番做什么？"使用鼠标把PPT上物品"摆放"到合适位置	希沃课件：PPT图形拖动功能（根据学生猜测，现场拖动PPT图形，使课堂呈现生成感、真实感）	在较真实语境中帮助学生巩固重点句型，让学生在乐中学，学有所获。使学生自然习得知识，提高习得能力
24′05″ 学习新语篇：教师自制视频	教师播放自制视频。请学生小组合作回忆视频内容，填空	观看视频。小组合作填空	下载含字幕的动画视频	教师整合课文知识和相关知识，形成新语篇。让学生通过整合的新语

续 表

教学环节	教师活动	学生活动	技术、资源（含平台与工具）	设计意图
24′05″ 学习新语篇：教师自制视频	请学生两人合作练习对话。 引导全班分角色表演对话	两人合作练习对话	希沃课件：播放视频	篇梳理回顾所学知识，提高习得能力。 通过小组合作和两人合作，提高学生协同合作能力
30′46″ 学生自主创编语篇	教师给120秒让学生两人合作创编新对话：运用句型，描述自己或他人去过的地方、做过的或看到的动作。 邀请学生上台表演所编新对话。 教师在教学软件上为表现好的小组加分奖励	两人合作创编新对话。 上台展示	希沃课件：倒计时功能，PPT图形拖动功能（根据学生猜测，现场拖动PPT图形，使课堂呈现生成感、真实感），全班评价功能（教师使用平台评价功能）	学生可根据自身水平选择不同难度的语言支架创编对话，体现出教师以学生为主体的分层教学思想。 学生通过创编对话，完成对课内相关知识的梳理，进一步理清知识网络、巩固所学
35′51″ 完成习题	教师展示希沃课件里的游戏进行巩固所学知识。 教师展示题目的正确答案及学生正确率，分析题目	查看上台参加游戏的学生完成每道题的正确率和完成情况	希沃课件：选择题功能及题目分析功能	通过完成习题，检测学生对知识的掌握情况，通过对学生的完成情况收集，教师下一课时可更有针对性地实施精准教学

教学环节	教师活动	学生活动	技术、资源（含平台与工具）	设计意图
39′05″ 小组自评	教师引导学生回顾本节课自身表现，教师通过自评结果调节下一课时教学内容	通过"班级优化大师"小组评价	班级优化大师：小组评价功能	通过小组评价引导学生及时反思，查漏补缺，提高学得和评得。教师通过学生自评结果调节下一课时教学内容
39′53″ 布置作业	教师展示作业内容	登记作业内容	希沃课件：PPT图片展示	通过针对性的分层作业，让学生在课后进一步巩固所学，并且培养学生保持环境整洁的好习惯

十四、教学评价

评价指标		指标分级描述				评价等级
		A	B	C	D	
教师教学行为	1 教学目标定位	教学目标明确适切，有层次、可操作、可检测，关注英语学科核心素养	教学目标比较明确适切，层次性、可操作性一般，关注英语学科核心素养	教学目标比较明确适切，层次性、可操作性不强，较少关注英语学科核心素养	教学目标不明确，没有关注英语学科核心素养	A
	2 活动设计	活动安排科学合理，循序渐进，指示明确，有效促进教学目标的达成	活动安排比较科学合理，循序渐进，指示较明确，较有效促进教学目标的达成	活动安排科学性、合理性一般，教学效果一般	活动安排不够科学合理，指示不明确，教学效果不理想	B

续 表

评价指标			指标分级描述				评价等级
			A	B	C	D	
教师教学行为	3	角色定位	学习的组织者、合作者和引导者	学习的组织者、知识的传授者	知识的传授者	课堂的权威者	B
	4	教学方式	启发式、任务驱动	较好运用启发式	启发式和灌输式兼而有之	灌输式	A
	5	课堂问题的指向性	目标明确、简明清晰、注重思维发展	目标较明确、比较清晰	目标较模糊	目标不明确	A
	6	对学情的关注	很关注	较关注	有关注，但关注不够	不关注	A
	7	对教学平台的使用	熟悉	较熟悉	不太熟悉	不会用	A
	8	对后台的评价使用	重视，经常使用	较重视，会使用	偶尔使用	没使用	A
	9	教学目标达成度	高	较高	一般	较差	A
学生学习行为	1	参与度	学生有效、自主、合作、探究学习的时间充分	学生有效、自主、合作、探究学习的时间较充分	学生有效、自主、合作、探究学习的时间不充分	学生有效、自主、合作、探究学习时间少	A
	2	学习方式	学生自主学习、合作学习和探究学习，参与学习积极性高	学生自主学习、合作学习和探究学习，参与学习积极性较高	学生自主学习、合作学习和探究学习，参与学习积极性一般	学生被动学习，参与学习积极性不高	A

续 表

评价指标			指标分级描述				评价等级
			A	B	C	D	
学生学习行为	3	学习态度	学习认真，兴趣浓厚，积极参与课堂活动	学习认真，兴趣较浓厚，较积极参与课堂活动	学习态度、兴趣一般，不够积极参与课堂活动	学习不认真，被动或不参与课堂活动	A
	4	学习习惯	能做到认真倾听，积极讨论，大胆交流、展示和评价，反思、善于与人合作	能做到认真倾听，较积极讨论，大胆交流、展示和评价，反思、善于与人合作	基本做到认真倾听，积极讨论，大胆交流、展示和评价，反思、与人合作	很少做到认真倾听，积极讨论，大胆交流、展示和评价，反思、不善于与人合作	B
	5	学习效果	学生思维活跃，学习兴趣浓厚，各层次学生都有不同程度的发展，学习目标达成度高	学生思维较活跃，学习兴趣较浓厚，各层次学生都有不同程度的发展，学习目标达成度较高	学生思维不够活跃，学习兴趣一般，各层次学生都有所发展，学习目标达成度一般	学生思维不活跃，学习没兴趣，学习目标达成度差	A

整节课评价等级：_____优_____

注：A为优，B为良，C为中，D为差。

十五、教学反思

在今天的英语对话教学中，教师尝试融入了信息技术以提升学生的学习体验和效果。

首先，通过希沃课件校本资源，为学生呈现了大量生动的图片和视频，让他们仿佛置身于真实的英语环境中。这种语境的创设不仅帮助学生巩固了所学知识，更让他们在自然的环境中习得新的语言知识。同时，课件中的思维导图、倒计时工具和配音工具也大大增强了课堂的趣味性和实用性，使学生在快乐中学习，提高学习效率。

其次，教师利用信息技术进行了小组和个人课堂评价的尝试。通过"班级优化大师"这一评价工具，教师鼓励学生积极反思自己的课堂表现。这种评价方式直观有趣，有效地激励了学生积极参与课堂活动。

然而，虽然信息技术的应用带来了许多优势，但也有一些值得改进的地方。例如，在创编对话环节，虽然利用信息技术为学生提供了更真实的情境和语言支架，但仍有部分学生没能与同伴们积极合作。

第二节　多技术融合模式的整校推进案例

在新三角小学，我们致力于推动多技术融合模式，以提升教师的教学能力。笔者于2021年9月起任职该校校长，肩负起这项重要任务。在清城区中小学教师信息应用能力提升工程2.0的指导下，我们根据学校实际情况，明确了多技术融合的路径。

每间课室都配备了多媒体教学平台和一体机，网络通畅无阻，这为我们的多技术融合模式提供了坚实的基础。我们借助"希沃白板5"软件，建立了一个丰富的校本资源库。通过"希沃信鸽"，我们轻松地管理这些资源，使教师们能够轻松获取所需的教学素材。我们还利用希沃的教研系统，定期开展教师研修和交流活动，共同探讨如何更好地将信息技术与学科教学相结合。

在推进多技术融合模式的过程中，我们注重全校的整体效果。我们鼓励教师们积极尝试新技术、新方法，为他们提供充分的培训和支持。同时，我们也不断收集反馈，持续优化我们的多技术融合模式。

努力终于取得了显著成果。我们的案例在广东省中小学教师信息技术应用能力提升工程2.0项目中脱颖而出，荣获整校推进典型案例三等奖。这充分证明了我们的策略是行之有效的，也为我们在未来的工作中注入了更多的动力和信心。以下是新三角小学的整校推进案例分享。

广东省中小学教师信息技术应用能力提升工程2.0典型案例

一、基本信息

申报单位：清远市清城区新三角小学。

案例名称：信息技术与学科课堂教学融合的范式实践研究。

案例类别：学校"整校推进"典型案例。

实践时间：2021年10月—2022年10月。

二、案例描述与特点

（一）问题与挑战

1.基础设施

清远市清城区新三角小学现有41个教学班，配备了信息化教育教学设施设备，无线网络全覆盖，能实现移动互联、班校互通。学校积极引进校外教学资源，充分利用网络教学媒体及校内教学硬件设备，积极开展信息化教学，提升学校教学能力与品位，实现教学现代化。

2.形成系统的现代教育理论和信息技术支持下新型的教学理念

教师已有一定的运用信息技术进行课堂改革的理念，但多数教师的信息应用能力停留在多媒体教学层面上，缺少数据的分析和应用，缺少个性化的指导，课堂上交互性少。

3.完善软硬件配套，探索信息技术与教学融合

缺少系统性、目标性强的以信息技术与学科教学融合为主题的教师信息技术应用的微能力校本研修平台，提高教师的信息技术与学科教学融合的能力。对于资源库的构建和有效运用资源进行教学，有一定的意识，但是没有探索出各学科有用的资源库和资源运用的有效途径。

（二）问题解决思路

建议结合图进行阐释，不超过1000字。

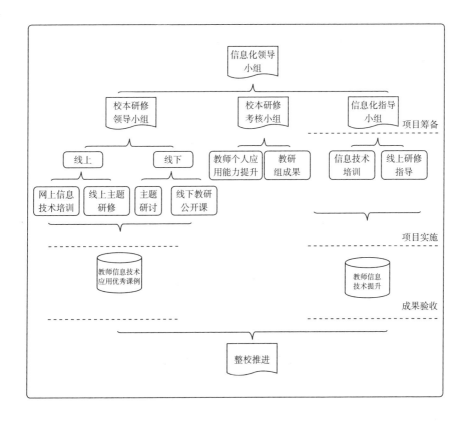

1.成立组织架构抓落实

学校专门成立了以校长为首的信息化工作小组。以校长为组长，分管教学副校长为副组长，各大科组的蹲科教导处主任为组员，实行整校推进。负责制订学校信息化实施方案、筹措经费；检查、评估、督促学校信息化工作的开展。

（1）成立校本研修领导小组。

以教导处各蹲科和教研组长为组员，指导和开展信息化工作与教学融合的各项线上和线下校本研修活动，推进学校信息化教学进程。

（2）校本指导小组。

成立以信息技术老师为组长，教研组长为组员的指导小组，组织教师参加各种形式线上和线下的培训，根据学科特点制订各科的提升信息技术应用能力研修计划。

（3）成立校本研修考核小组。

以教学业务副校长为信息官，蹲科行政和信息管理员组成的考核小组，对全体教师线上和线下的研修进行监督和考核。

2.教研训一体促应用

学校结合已有发展基础，以教学方式变革为工作抓手，将信息技术与学科教学融合为目标，学校将遵循"教研训一体，学用结合""以科组为单位，整组推进""立足课堂、注重创新"等策略原则，"自上而下"与"自下而上"相结合，推进教育信息化在教学应用的深度。

准备阶段（2021年10月—2022年1月）

（1）领导重视：组建信息化工作小组，制订学校信息化教育教学发展规划方案，成立校本研修领导小组，制订学校校本研修和考核方案。

（2）研修指导：成立校本研修领导小组，协调各部门开展与信息技术整合的各项活动，指导教师提升信息化应用能力，携同各科教研组对教师进行提升信息化应用水平的培训。

（3）提高认识：初步培训教师的基本信息素养，并对教师在思想上进行教育，促使全体成员观念更新，从思想上重视。

（4）做好铺垫：做好信息技术基础建设，初步建立校本教学资源库；用好国家教育资源公共服务平台以及区域教育资源平台、"粤教翔云"公共服务平台、希沃平台等，为提升教师信息技术应用能力做好铺垫。

实施阶段（2021年10月—2022年4月）

（1）全面部署工作：按照学校信息化教育教学发展规划方案，进行部署工作。

（2）制订研修计划：研修领导小组指导各科组制定科组的研修计划和教师个人信息技术应用能力提升研修计划。

（3）线上线下培训：组织教师依据学科特点，校本研修指导小组组织教师以科组工作坊的形式，分学科在广东省信息技术应用能力提升工程2.0试点校公服平台上进行线上线下集中培训和信息技术培训。

（4）教研训一体：结合学科特点，开展线上线下混合式校本研修活动，形成教研训一体，学用结合。通过线上线下以信息技术与学科教学融合的实践研究为主题的校本研修，以公开课、汇报课、示范课、听评课、专题研讨、课堂观摩案例点评、交流座谈等活动形式，探讨信息化教学的方法，并开展实践研究。

总结阶段：（2022年5月—2022年6月）

（1）研修考核：借助研修平台对全体教师进行数字化能力测评和考核。

（2）整校验收：提交教师信息技术应用能力提升工程2.0试点校的工作的成果、案例和课例。总结信息化教育教学工作开展成效，撰写工作报告。

（3）示范引领：形成学校特色，开展示范辐射活动，做好应用示范。

整校推进流程图如下所示：

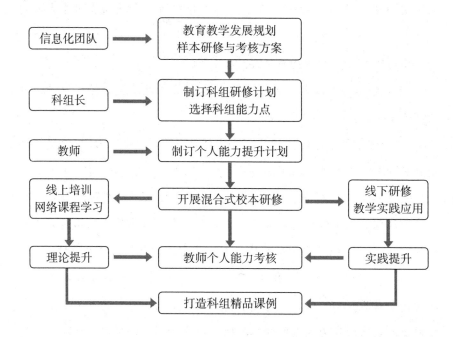

（三）实践成效

1.学校信息化教育教学发展一年实践成效

（1）利用"国家中小学智慧教育平台""粤教翔云"数字教材应用平台、免费软件和资源平台，以课题为抓手，促使教师学以致用，探索出信息技术与学科教学融合的教学策略和方法，最终以课题成果呈现。

（2）提升学生的信息素养，提高学生自主发展、协同发展、创造性学习能力。学生能掌握信息技术工具获取、分析、加工、评价信息并创造信息、传递信息的技能，并能够自觉、主动利用互联网工具进行自主学习、解决实际问题。

（3）提高教师信息素养，学会使用希沃平台资源上课，学会用"班级优化大师"评价学生学习过程，了解认识到信息技术对于教育教学改革的重要意义和作用，把教学、课程和学生发展放在信息时代社会文化情境下重新设计和实施，善用技术教学，善用技术支持自身专业发展。

2.学校信息化教育教学三年实践成效

（1）基于互联网和教学平台，变革教与学方式，实现个性化教学、探究式学习和创造性学习，全面提升学生的科技素养。运用教与学过程大数据的行为记录、分析和诊断，实现教情、学生学情的及时精准反馈。

（2）构筑智能安防校园。通过智能安防系统，实现网络应用的"可管、可控、可用"，保障网络与信息安全。

（3）通过"未来教室+智慧教学"课堂，依托教学资源平台、智能学科辅助工具、在线学习社区以及第三方服务，实现课堂教学云端一体化。

（四）案例创新点

信息技术与语、数、英三学科融合创新，形成我校特色学科课型模式。

1.语文学科

（1）导入：结合信息技术运用互动游戏、视频等，激发学生的学习兴趣。

（2）课中运用"班级优化大师"对学生进行即时点评，给予学生即时的反馈。

（3）课中贯穿信息技术应用，利用微课程设计与制作课件、插入微课突破教学难点、"希沃白板"PPT、"班级优化大师"评价、融入"爱种子"范式。

（4）课后结合信息技术进行巩固练习拓展延伸。

2.数学学科

（1）利用微课课前激发学生兴趣。

（2）利用互动功能让学生自主尝试。

（3）利用评价系统促进小组合作和评价。

（4）利用软件App帮助学生迁移应用。

3.英语学科

（1）利用网络信息资源助力课前预习和热身，引领学生自主学习。

（2）组建学习共同体，运用评价系统进行学习小组合作评价。

（3）利用网络信息资源循序渐进推进主题拓展，深化课堂。

（4）运用App作业巩固，查漏补缺，检测反馈。

（五）案例总结

　　清远市清城区新三角小学在信息技术与学科课堂教学融合的实践中，以校长为首的信息化工作小组和研修指导、考核小组的协同工作，采用"教研训一体，学用结合"的原则，以科组为单位进行整组推进。通过线上线下培训、混合式研修活动和公开课、汇报课等实践研究形式，形成了信息技术与学科教学融合的教学策略和方法。同时，学校利用"国家中小学智慧教育平台""粤教翔云"数字教材应用平台、免费软件和资源平台，提升学生的信息素养，促进学生自主发展、协同发展和创造性学习能力。这一实践案例不仅提高了教师的信息技术应用能力，还为学校的教育教学发展提供了有力支持。